天津市教委心理健康教育专项任务项目《团体心理辅导对家庭经济困难学生抗逆力的干预效果研究》(2021YBGX13)

大学生心理健康教育的理论与实践研究

赵　新◎著

DAXUESHENG XINLI JIANKANG JIAOYU DE LILUN YU SHIJIAN YANJIU

天津社会科学院出版社

图书在版编目（C I P）数据

大学生心理健康教育的理论与实践研究 / 赵新著
. -- 天津 : 天津社会科学院出版社, 2022.9
ISBN 978-7-5563-0848-4

Ⅰ. ①大… Ⅱ. ①赵… Ⅲ. ①大学生－心理健康－健康教育－研究 Ⅳ. ①G444

中国版本图书馆 CIP 数据核字(2022)第 165905 号

大学生心理健康教育的理论与实践研究
DAXUESHENG XINLI JIANKANG JIAOYU DE LILUN YU SHIJIAN YANJIU
责任编辑：吴　琼
责任校对：王　丽
装帧设计：高馨月
出版发行：天津社会科学院出版社
地　　址：天津市南开区迎水道 7 号
邮　　编：300191
电　　话：（022）23360165
印　　刷：高教社（天津）印务有限公司
开　　本：787×1092　　1/16
印　　张：16.75
字　　数：230 千字
版　　次：2022 年 9 月第 1 版　　2022 年 9 月第 1 次印刷
定　　价：78.00 元

序　言

近年来,大学生心理健康受到越来越多的关注,尤其是在新冠疫情防控常态化形势下,大学生心理问题出现的频率增加、程度加剧,这为高校育人工作提出新的挑战。过去几十年间,大学生心理健康教育经历了从无到有的过程;当下及未来,工作深度将要经历由浅到深的变化、工作广度要经历由点到面的发展。

心理健康教育有其自身特殊性,需理论和实践紧密结合,才能保证教育教学效果。只有理论,没有实践,是纸上谈兵,学生无法对课堂上学到的内容进行深入思考和感悟;只有实践,没有理论,则教育缺乏系统性、科学性,教学效果也会大打折扣。本书以大学生为研究对象,剖析其心理发展特点,紧密围绕大学生心灵成长重要课题,按照理论实践相结合的思路,对如何提升大学生心理健康教育质量展开研究与探索。

本书从结构上包括理论基础和实践活动两大部分,从内容上包含与大学生学习生活紧密相关的十个主题。在每一主题中,均有相应的团体辅导方案、主题班会方案及个体咨询案例。内容充分结合实际工作,将个人工作中所思所想进行提炼总结,围绕不同主题进行系统梳理,融学术性与可读性于一体,坚持理论指导实践、实践丰富理论的教育科研理念。理论实践相结合的教育形式，可有效为理论落实落地提供着力点，同时也为更好地开展育人实践提供理论支撑。

由于编写水平有限，书中疏漏与不当之处在所难免，敬请广大读者批评指正。

赵　新

2022 年 5 月

目 录

第一章 心理健康

第一节 理论基础

一、心理健康的意义

对于个体的生存发展而言,健康是前提。有了健康做保障,人们所追求的事业、金钱、地位、权力、家庭、爱情、前途等才有意义。而健康的定义也随着时代发展在不断更新完善,从最初的“身体健康,没有疾病”“吃嘛嘛香,身体倍棒”发展为更为完整全面的健康观。1989 年,联合国世界卫生组织提出全面的健康观,包括生理健康、心理健康、社会适应良好和道德健康四个方面。随着全面健康观的普及,人们对健康这一概念的理解更为深刻,开始认识到没有疾病仅仅是达到了健康最基础的要求,判断一个人是否健康,心理状态是重要的考量因素。在全面健康观的基础上,世界卫生组织提出了判断个体健康与否的十条标准,分别是:

1. 精力充沛,能从容不迫地应付日常生活和工作;

2. 处事乐观,态度积极,乐于承担任务不挑剔;

3. 善于休息,睡眠良好;

4. 适应环境,应变能力强;

5. 对一般感冒和传染病有抵抗力;

6. 体重适当，体态匀称；

7. 眼睛明亮，不发炎，反应敏捷；

8. 牙齿清洁，无缺损，无疼痛，牙龈颜色正常，无出血；

9. 头发有光泽，无头屑；

10. 骨骼健康，肌肉、皮肤有弹性，走路轻松。

从以上标准可以发现，心理健康是健康的重要组成部分。钟南山①院士指出："疾病的一半是心理疾病，健康的一半是心理健康。"心理健康和生理健康互相影响，个体的身体状态会影响心理发展。身体状况欠佳的个体更容易出现负面情绪，更倾向于出现消极认知；而心理健康与否，情绪是否平稳，也会影响个体生理健康。若个体长期处于消极认知、抑郁情绪中，则更容易出现免疫力降低现象，诱发各类疾病。相反，正向积极的情绪有利于身体各项机能良好运转，有利于疾病康复。近年来，从国家、社会、学校等各层面对于心理健康的重视程度逐年提高、大众的心理健康意识也有所增强。学校、医院、社区、企业等多种社会组织都引入了心理健康教育，大众对于心理健康的接受程度也在逐渐提高。过去许多人会把心理健康问题和精神疾病联系在一起，很多人接受心理咨询会感到有压力，随着时代发展，这种观念正在逐步改变。尤其是自 2020 年疫情暴发后，正常生活秩序受到影响，情绪困扰、人际矛盾、睡眠障碍等各类心理问题密集出现，若无法及时有效进行自我心理调适或专业心理疏导，容易发展成为严重心理问题及心理疾病。为不断满足人民群众的心理服务需求，政府、医院及社区加大了心理健康知识的宣传力度，不断加强制度建设，增强专业保障。学校作为社会的教育主体，对学生心理健康教育重视程度也在不断增强，心理育人工作开展方式不断创新，心理育人机制不断完善，心理健康教育工作的质量持续提高。

---

① 钟南山（1936 — ），中国工程院院士，健康科普专家。

(一)心理健康教育质量是立德树人工作成效的重要标准

高校落实好立德树人根本任务需要坚持育心与育德相统一,促进思想政治教育和心理健康教育深度融合。心理健康教育具有参与度高、趣味性强的特点;思想政治教育具有综合度高、指导性强的特点,二者在教育内容和教学特点上相互补充,能够有效增强育人合力,切实提升育人实效。

(二)心理健康教育是贯彻落实“五育并举”理念的关键措施

开展心理健康教育,既是学生健康成长的需要,也是社会良好发展的需要。党和国家需要的是全面发展的人才,教育工作者应始终牢记五育并举理念,将心理健康教育融入日常教育教学过程中。近年来大学生心理危机事件频发,大学生非正常死亡也偶有出现,这警示我们:高校的心理健康教育至关重要。大学生的良好心理状态关系着个人家庭的生活质量、校园社会的稳定有序以及国家民族的未来发展。注重学生的心理健康教育工作、及时进行疏导、有效帮助出现心理困惑的个体进行自我调适、情绪宣泄,就可以大大地降低极端事件的出现概率,减少青少年违法犯罪事件与心理危机事件发生,维护好学校、社会的正常治安与秩序。

(三)心理健康教育是各项教育工作开展的有效前提

心理健康是青少年全面发展的前提,与其思想道德品质与综合能力形成密切相关,是高效学习的基础和幸福生活的基石。苏联著名教育家瓦·阿·苏霍姆林斯基①指出:“教学的效果在很大程度上取决于学生的内在心理状态如何,积极、热情的情绪是推动学习的内在动力。”良好的心理状态是学生积极参加各类教学活动、开展正常人际交往以及妥善处理学习生活中各项事务的重要保障。反之,未能得到有效疏解的心理问题及未经及

---

① 瓦·阿·苏霍姆林斯基(1918 — 1970),苏联著名教育实践家和教育理论家。

时治疗而逐渐恶化的心理疾病，不仅会阻碍学生本人良好发展，也会影响校园整体的安全稳定。

二、心理健康的内涵

心理健康教育工作与心理学密切相关，有效进行心理调适需了解必要的心理学知识。心理学以人为研究对象，聚焦于探索人的心理发展过程以及行为变化规律。德国心理学家赫尔曼·艾宾浩斯[①]指出：心理学有一个长久的过去，却有一个短暂的历史。亚里士多德[②]和柏拉图[③]都曾经研究心理学相关的问题，但是心理学作为一门科学确立的标志是德国心理学家威廉·冯特[④]于1879年在莱比锡大学建立的世界上第一个心理实验室，这标志着内隐的心理变量可以通过实验操作来改变，可以通过数据统计来分析。人的感觉、知觉、思维、记忆、动机、情感等都是心理学中重点研究内容。人们的心理活动有一定的共性，如感知觉的过程、思维的发展都有一定的顺序，存在固定的机制和规律；人们的需要大多可以分为生理需要、安全需要、归属和爱的需要、尊重需要和自我实现需要；人类基本的情绪状态有欢喜、欣慰、愤怒、恐惧等。与此同时，不同个体之间的心理发展也存在差异性，如我们感知觉、情绪反应的速度和强度不同，所以表现出来的气质类型不同；思维发展速度和受教育程度不同，对事物的认识程度也会不同；有些个体的基础需要已得到充分满足，对于尊重需要和自我实现需要就会更为关注，而对于有些个体而言，基本的生理需要还未得到满足，还过着食不果腹的生活，就无暇顾及更高层次的精神需求。不同的心理特点组合，造成了心理品质的个体差异性。

---

① 赫尔曼·艾宾浩斯（1850 — 1909），德国心理学家。

② 亚里士多德（公元前384 — 公元前322），古希腊人，哲学家、科学家、教育家。

③ 柏拉图（公元前427 — 公元前347），古希腊人，哲学家、思想家。

④ 威廉·冯特（1832 — 1920），德国生理学家、心理学家、哲学家。

大学生年龄大多为18—22岁之间，生理发育已成熟，但心理发展尚未完全成熟，而这个阶段个体又面临升学、择业、恋爱发展等重要的人生课题。从整体层面而言，需要对学生进行正向引导，帮助其形成良好心理品质；从个体层面而言，不同个体的心理调适能力有差异，部分学生自我心理调适能力较弱，需要及时疏导调节，以帮助其顺利完成心灵成长。

（一）心理活动的实质

1. 心理是脑的机能

在接触心理学之前，人们很少将人的心理现象与大脑联系起来。但实际上，大脑是心理现象产生和发展的生理基础。情绪的发生和变化与大脑的前额皮层、杏仁核与海马体密切相关；婴幼儿阶段学习语言的过程，也伴随着大脑皮层结构的改变；有些精神异常的个体，往往是大脑某个部位发生了病变。以上事实都说明，心理学研究离不开脑科学的发展，任何心理现象都是与大脑相关联的。

2. 社会实践是各种心理现象的来源

心理的健康发展除了需要大脑作为物质基础，也需要正常的社会生活实践。大脑接受了来源于社会生活的信息，才能正常发展。人是社会性动物，社会实践是人类心理发生发展的来源。周围发生的事、接触的人都会潜移默化地影响个体的心理状态。1920年，在印度发现了狼孩卡马拉，7岁的卡马拉被发现后回到人类社会生活，但却完全无法适应。她无法直立行走，不会用手吃饭喝水，甚至害怕强光，表现出种种和人类正常生活习惯不相符的行为。经过学习，卡马拉学会了行走，也学会了一些单词，但因为7岁前没有生活在人类社会，没有适宜的刺激，错过了多种心理变量的发展关键期，导致其心理机能不完善。在她17岁去世时，心理发展水平只相当于4岁孩童。由此可见，正常的社会生活实践对于心理健康发展至关重要。感知觉是人类一切心理产生发展的起点，而社会生活正是通过感知觉作用于我们的大脑,塑造着我们的心理状态。生活中看到的景象、正常的人际交往,生活中的一些普通平凡的实践,甚至生活中所使用的工具,都是社会实践的一部分,都是形成“心理我”的点滴。

(二)心理健康的概念

个体的心理正常与异常、健康与否,并没有明确的分界线,而是一种连续且动态变化的状态。加之国内外专家学者的学术背景和认知观念不同,研究问题的出发点和方式方法不同,对于心理健康的内涵目前还没有统一的认识。1946 年第三届国际心理卫生大会将心理健康定义为:“心理健康是指在身体、智能以及情感上能保持同他人的心理不相矛盾,并将个人心境发展成为最佳的状态。”世界心理卫生联合会则将心理健康定义为:“身体、智力、情绪十分调和;适应环境,人际关系中彼此能谦让;有幸福感;在工作和职业中,能充分发挥自己的能力,过着有效率的生活。”我国学者对“心理健康”的认识大多是从世界卫生组织对“健康”的定义出发,例如:“心理健康……是人的整体健康状态的必要组成部分……是一种持续的心理状态。在这种状态下,个人具有生命的活力、积极的内心体验、良好的社会适应,能够有效地发挥个人的身心潜力与积极的社会功能。”[①]“对大学生而言,心理健康意味着能够以积极、乐观的态度,有选择、有创造地发现与解决问题、实现与环境的不断适应和心理机能地不断完善。”[②]此外,还有不同学者立足不同角度、着眼不同群体去定义心理健康。

三、心理健康的影响因素

心理状态与很多因素有关,这些因素彼此相互作用,且共同作用于个

---

① 刘华山:《心理健康概念与标准的再认识》,《心理科学》2001 年第 4 期。

② 王茜:《心理健康内涵的发展及其对高校心理健康教育的启示》,《山西高等学校社会科学学报》2003 年第 5 期。

体,影响着个体心理发展。结合时代特征,心理健康教育工作有据可循,却又充满挑战,需要不断根据社会发展和学生心理特点来调整思路,改变方法。

(一)内在因素

1. 生理因素

生物学因素对于个体心理发展影响主要表现在大脑器质性病变及遗传因素上。若个体存在脑肿瘤、脑血管疾病等器质性病变,往往会出现异常的心理状态和行为模式;若个体有精神疾病家族遗传病史,则出现精神疾病及心理问题的可能性会增加,尤其是精神分裂症、抑郁症等疾病,遗传因素影响较为明显。

2. 心理因素

大学生群体各项心理机能尚未完全成熟,同时,其价值观也处于逐步确立阶段。当代社会信息纷繁复杂,大学生面对身边无处不在的各类信息,往往容易在多元价值体系中出现不同程度的迷失,这使得很多大学生在面临选择时,会出现不知所措的状态,也有个别大学生价值观念扭曲,误入歧途。这种现象也侧面反映出心理健康教育和思想政治教育相融合的必要性,高校育人工作需要通过思想政治教育帮助大学生形成正确的价值观念,唯有如此,青年学子们对于周围的人和事物才会有正确的认识。

(二)外在因素

1. 家庭因素

家庭是孩子的第一所学校,父母是孩子的第一任老师。父母的教养方式对个体人格形成及心理发展起重要作用。教养方式是指父母在养育子女的过程中所呈现出的固定模式和行为倾向①,会对孩子的性格形成及心理发展产生深远的影响。一般来说,父母的教养方式,可以分为专制型、权威型和放纵型。专制型父母对孩子要求较高,较为严厉,且对于孩子的想法和情感需求回应度不高,在这种教养方式下,孩子往往会形成自卑、软弱、退缩等性格,且在人际交往中往往无法适当表达自身合理需求。权威型父母对待孩子较为民主,在严格要求的同时,能够提供较多的支持,能和孩子及时进行交流沟通。孩子在这种教养方式中成长更容易形成积极的心理品质。放纵型父母对待孩子管理方式较为宽松,对某些不合理的错误行为也表现得较为宽容,容易导致孩子出现任性、以自我为中心的性格特征。

家庭的经济情况在一定程度上也会影响学生的心理发展。表现为家庭经济困难学生因承受较大的经济压力更容易产生自卑、抑郁、焦虑、人际关系敏感、孤僻等一系列心理问题。另外,家风对于个体心理成长也存在重要影响,家风是一个家庭或家族的传统风尚或作风。良好的家风能够潜移默化地影响青年学生,顺遂时不忘形,逆境时不怯懦,让人坚守自己的做人底线,它在成长过程中起着关键的作用,是一个人终身的财富。

在咨询过程中我们发现,部分学生的心理问题与父母不当的教养方式、家庭背景等因素紧密相关。在心理健康教育领域,家庭的地位不可忽视。目前,从社会和学校层面而言,对家庭教育的重视程度不断提高,倡导家校联合,并面向家长开展心理知识普及教育,实现家校共育,更有利于学生心理健康发展。

2. 学校因素

学校对于大学生心理发展的影响主要集中在三个方面:专业认同感、人际关系、学业压力。

---

① 周娅菲:《父母教养方式与9—12岁儿童脑发育的关系》,硕士学位论文,西南大学发展与教育心理学专业,2016,第2页。

部分学生在选择目前所学的专业前，并不清楚专业内容，进入大学后，发现自己对专业并不感兴趣，但考虑到更换专业的不确定性和难度，往往在决策是否更换专业时犹豫不决，或者与家长发生意见分歧，出现心理冲突。进入大学后，学习方式发生变化，部分学生出现适应困难，在影响学业成绩的同时，也容易产生焦虑、抑郁等不良情绪；部分学生反映学业压力较大，认为教学进度较快，课程安排较满，部分课程难度较大，跟不上进度，尤其到考试前，会出现较严重的考试焦虑。另外，进入大学后，班级同学往往来自不同地区，生活习惯、文化背景、价值观念等存在差异，容易出现宿舍、班级人际关系矛盾，甚至校园欺凌，这也会对学生的心理发展造成较大影响。

3. 社会因素

社会因素对于大学生心理发展的影响主要集中于信息多元化、社会文化以及疫情等方面。随着时代进步、科技发展，人们接触信息的便利性大大提高，在提供便捷性的同时，这种现象也容易造成信息超负荷。大学生每天接触众多微信公众号、视频号等，容易形成碎片化阅读的习惯，影响其思考深度。各类媒体观点各不相同，大学生接触信息过多，往往会产生矛盾和冲突，造成目标不清晰、方法不确定等心理困扰；当代社会节奏较快，就业压力、经济压力也容易让学生出现焦虑紧张等不良情绪。近两年疫情的出现，学生的学习、生活都有不同程度的改变，如线上教学的不适应，不能随意出校的束缚感，一些相关证书考试因疫情推迟或取消等，正常生活秩序的扰乱往往会引发烦躁、焦虑等情绪反应，对于毕业生而言，面临严峻的就业形势，更为如此。

以上因素对于大学生心理健康发展的影响往往是共同作用、相互影响的。个体的心理适应能力不同、心理韧性不同，同样的内外在因素对其造成的影响也不同。提高个体的心理健康水平，才是帮助青年学生有效应对各种因素影响的根本方法。

四、大学生心理健康标准

聚焦于大学生群体,学者给出了众多不同的心理健康标准。我国学者王登峰等人综合各项研究成果,提出了中国大学生心理健康的八条标准。

其一,自我评价正确。

客观全面地评价自己,对自己的优点缺点有正确的认识,不妄自尊大,也不妄自菲薄;能够做到在接纳自己的基础上努力发展自己,对无法补救的缺陷,也能够安然处之,而不是一味否认、回避和对抗。

其二,人际关系和谐。

人是自然属性和社会属性的统一体,良好及正常的人际关系对于心理发展至关重要。大学生应做到乐于与人交往,认可他人存在的重要性,在与人相处时,积极情绪多于消极情绪,能够做到乐于助人、宽容待人。与周围人关系和谐融洽,而不是格格不入,孤僻离群。

其三,正视现实,接受现实。

能够主动地去适应现实,进一步接受现实、改变现实,而非逃避,抱怨。心理不健康的人面对不理想的现状往往会责备社会对自己不公而怨天尤人、消极颓废、无法适应。

其四,社会适应正常。

适应良好表现为能够有效处理与周围现实环境的关系,积极投身于生活,将工作、学习看成是乐趣,而不是负担。当发现自己的想法和社会环境不一致时,能够积极调整,主动融入周围环境,而不是一意孤行,过于主观。

其五,情绪健康。

主要标志为情绪稳定和心情愉快。表现为能协调和控制情绪、心境良好。积极情绪占优势,同时能够适度表达和控制自己的情绪。情绪不会经常性大起大落,能够保证基本稳定。

其六，人格完整和谐。

表现为个人所说、所想、所做都是一致的，思考方式合理，待人接物态度灵活，不会有偏颇的情绪，融入集体。

其七，智力正常。

智力是指一个人认识能力和活动能力所达到的水平，包括注意、记忆、想象、思维、创造等多种心理变量，智力正常是学习、生活、工作的基本心理条件。大学生智力正常的标准大概集中在三个方面：有强烈求知欲和好奇心；智力结构中各要素在各项认识活动和实践活动中能够协调参与，积极发挥作用；乐于学习。①

其八，心理行为符合年龄特征。

在生命发展的不同年龄阶段，都会有对应的心理发展特点，形成不同年龄阶段独特的行为模式。心理健康的人具有与同龄人相符合的心理行为特征。若个体的心理行为特点严重偏离其年龄特点，如在成年后仍过多表现出儿童时期的幼稚行为，则为心理不健康的表现。

需要注意的是，心理健康和心理不健康并非泾渭分明，从健康到不健康有一个过渡阶段，伴随着各种不良心理变化的积累。同时，心理健康与否也不是绝对的，倘若个体有较强的自我调适能力，遇到心理问题能够在短时间内自我疏导，其不良心理变化就会随着自身发展而消失。

五、当代大学生心理发展特点

（一）情绪情感丰富

当代大学生大多为“00 后”，20 岁左右的年龄，对情绪情感的体验较

---

① 沈德立主编《大学生心理健康》，教育部思想政治工作司组编，高等教育出版社，2013，第 8 页。

为强烈。高中阶段,其心思和精力大多集中于学业上,对于周围的人和事物缺乏深入思考和深刻感受;进入大学后,有了更多的时间,接触到更丰富多彩的事物,引发的情绪情感体验更为丰富且深刻。美国心理学家斯坦利·霍尔[①]把青年时期的情绪特征概括为“狂风暴雨”,反映出青年时期个体情绪情感反应迅速的特点。情绪事件发生时,大学生往往缺乏成熟的情绪控制能力,情绪体验较为强烈,但时过境迁,情绪也容易平息。

(二)自我意识较强

心理学家爱利克·埃里克森(简称埃里克森)[②]指出,青年时期(12—19岁)主要任务是确定自我意识,学习社会角色规范。大学时代是人生心理的“断乳期”,要从依赖父母转变为独立自主。大学生对于“我”的思考明显增加,更加重视自己的想法和感受,在乎他人对自己的看法和评价。自我意识更强,权利意识更强、批判意识更强。在心理咨询中发现,很多学生会执着于我是个什么样的人,如何成为理想中的我等问题,也会有学生因为不正确的自我认知产生自卑心理,影响学习生活、身体健康等。

(三)心理冲突增加

网络时代信息丰富、价值观多元,这些社会因素导致大学生主动或被动接收的信息五花八门,有时是不太一致的,甚至互相矛盾的。高中阶段,大多数学生的目标都集中于如何考上好大学,进入大学后,大学生有更多的时间和精力来关注外界的信息,这就导致很多大学生在众多信息面前无法做到明辨是非,导致价值观混乱,心理冲突增加,容易出现认知失调、情绪烦躁、行为拖沓等现象。

---

① 斯坦利·霍尔(1844 — 1924),美国心理学家、教育家。

② 爱利克·埃里克森(1902 — 1994),美国精神病学家、发展心理学家。

六、大学生心理健康教育工作发展

我国古代心理健康教育思想孕育在哲学和医学中，现代西方心理健康教育也有效推动了我国心理健康教育工作的发展，其中蔡元培[①]先生为我国心理健康教育事业发展做出了重要贡献。20 世纪 80 年代，我国心理健康教育开始萌芽，迄今已经有 40 年的发展历史，经历了起步、成长、发展、成熟四个阶段[②]。

（一）起步阶段（1978—1993 年）

改革开放初期，高校心理咨询和心理健康教育工作逐渐起步，部分高校建立心理学系、心理咨询中心、开设心理健康教育选修课、排演情景心理剧等心理健康教育活动、围绕"心理健康教育"为主题开展科学研究。在此阶段，大学生心理健康教育得到了迅速恢复与建设，心理健康教育意识开始萌芽。

（二）成长阶段（1994—2000 年）

1994 年，中共中央出台了《关于进一步加强和改进学校德育工作的若干意见》，指出要"指导学生在心理素质方面尽快适应新的要求"。1995 年，印发了《中国普通高等学校大纲》，将心理健康教育正式纳入德育内容体系中，并且将培养学生"具备良好的个性心理品质和自尊、自爱、自律、自强的优良品格，具有较强的心理调适能力"作为高校德育目标之一。1999 年，印发的中共中央国务院《关于深化教育改革全面推进素质教育的

---

① 蔡元培（1868 — 1940），中国教育学家、革命家、政治家。

② 郝颖：《我国大学生心理健康教育的历史回顾与展望》，《教育现代化》2019 年第 90 期。

决定》,将“加强学生的心理健康教育”作为培养“社会主义新人”的重要一环。随着国家各项高校教育工作重要文件的出台,大学生心理健康教育更加规范和科学,各高校开始探索心理健康教育的新途径。

(三)发展阶段(2001—2011 年)

2001 年,教育部出台了对大学生心理健康教育的第一个专门的纲领性文件《关于加强普通高等学校大学生心理健康教育工作的意见》;2002年,教育部出台《普通高等学校大学生心理健康教育工作实施纲要(试行)》;2005 年,教育部、卫生部、共青团中央联合印发《关于进一步加强和改进大学生心理健康教育的意见》;2011 年,教育部印发《普通高等学校学生心理健康教育工作基本建设标准(试行)》《普通高等学校学生心理健康教育课程教学基本要求》等。一系列文件的印发,有效规范了高校心理健康教育工作的发展,心理健康教育工作队伍逐渐壮大,工作体制机制逐渐完善,开始朝着职业化、专业化方向发展。

(四)成熟阶段(2012 年至今)

2016 年,国家卫生计生委、中宣部等 22 个部门联合印发了《关于加强心理健康服务的指导意见》;2017 年,中共教育部党组印发《高校思想政治工作质量提升工程实施纲要》,提出将心理育人纳入高校十大育人体系;2018 年中共教育部党组印发《高等学校学生心理健康教育指导纲要》,为如何开展心理健康教育课程建设、心理健康教育活动等内容做了详细指导。自此,各高校开展大学生心理健康教育工作目标更为清晰,方法更为丰富,相应的人才队伍建设在不断完善,考核机制也在不断优化。

高校开展大学生心理健康教育还在不断发展中,深度和广度及与其他教育教学工作的结合度都在不断提高。各高校也在不断落实因事而化、因时而进、因势而新的思想政治教育理念,充分结合当代大学生心理发展特点，结合前沿教育理论，有针对性地解决大学生心理健康问题。

七、大学生常见的心理问题和心理疾病

（一）大学生常见的心理问题

心理问题，又称为心理困扰，是指日常生活中由个体心理活动或者现实因素引发的心理不适，如消极认知、负面情绪、行为障碍等。

大学生常见的心理困扰主要表现为适应问题、学业问题、人际关系问题及恋爱与性心理问题。不同年级学生表现出的问题类型和数量有所不同。

心理困扰本身并不是病态反应，它是任何人都可能在人生的某一时段出现的一种认知冲突、心情烦躁、体验不悦的心理反应。相比于心理疾病或者心理障碍，心理问题一般可以通过主动自我调适或者主动寻求帮助得到解决，摆脱困难。但是心理困扰不能够忽视，因为任何重度的心理问题都是由简单的问题经过长久累积而形成的，心理困扰是引发一切更严重心理问题的最根本原因。

1. 适应问题

生活适应问题表现为面临生活学习环境改变、角色改变，个体产生不同程度的应激反应，出现不安、苦闷和孤独感等心理变化。适应问题突出表现在大一的新生阶段，每年 9—10 月为大学生集中入学阶段，也被称为大学新生心理失衡期。在此阶段，出现心理适应问题的新生数量较多，问题也较为集中。相当一部分学生来自外地，进入大学校园后在气候、饮食、生活习惯、学习方式等方面不适应；也有些学生在高中阶段是班级中的“佼佼者”，而到了大学班级中，自己变得平凡普通，不再突出，从而出现心理上的落差。

2. 学业问题

大学生的学业问题主要表现在学习动机、学习兴趣、学习方法、学习压力和角色地位转变等方面。部分学生未充分认识到大学学习与中学学习的区别，对于大学较为多元的教学方法不太适应，无法有效规划课余时间，导致自己学习成绩下降，学习动机和学习兴趣减弱，并产生焦虑、自卑、挫败等不良情绪反应。

3. 人际关系问题

进入大学后，由于每个人待人接物的态度不同、个性特征不同，再加上青春期心理固有的闭锁、羞怯、敏感和冲动，都使大学生在人际交往过程中不可避免地遇到各种困难，从而产生困惑、焦虑等心理问题，归属和爱的需要不能满足，这些问题会严重影响他们的健康成长。大学生人际关系问题表现较为突出的是宿舍人际关系矛盾，宿舍是大学生在校唯一固定的生活空间，在有限空间内的频繁接触，生活习惯的不一致，兴趣爱好有差别等，往往会产生交往中的摩擦；有些学生缺少必要的人际交往技巧，无法有效融入宿舍集体，从而体验到被孤立的感觉，甚至出现失眠、抑郁等不良表现。

4. 恋爱与性心理问题

大学生处于青春期进入青年期的过渡阶段，性发育成熟是重要特征，恋爱与性方面的心理问题是不可回避的。随着性生理成熟和性心理发展，大学生的情感需求明显增强，在与异性相处过程中，面对如何建立亲密关系、如何妥善处理情感矛盾、如何面对失恋等情感问题，大学生表现出来的情感成熟度总体来说还不够，在感情遇到挫折时，容易出现情绪波动，严重者甚至出现极端想法。大学生接受青春期教育不够，对性发育成熟缺乏心理准备，对异性的神秘感、恐惧感与渴望交织在一起，容易产生心理困扰。

(二)大学生常见心理疾病

心理疾病是指个体的心理功能失调,行为举止易于常人,影响了他自身的正常工作和生活以及社会功能的发挥。心理疾病和心理问题有区别也有联系。联系在于心理问题若不及时疏导和解决,日积月累容易发展成为心理疾病。区别主要体现在对个体的影响和治疗手段两方面,表现为:心理疾病对个体的影响是持久的、比较严重的,会影响个体正常社会功能的发挥,有些患有严重心理疾病的人需要住院治疗,正常生活秩序受到严重干扰;而心理问题对个体的影响是相对轻微的、短暂的,一般情况下个体的正常生活工作不会受到太大影响,部分个体通过自我调适或者求助于社会支持系统可自行缓解。心理疾病患者通常体内激素分泌紊乱,植物神经系统功能受到影响,治疗需要以药物干预为主,心理咨询为辅,一般流程为通过药物干预稳定病情,再配合进行心理咨询;而心理问题一般以心理咨询为主,通过一些心理咨询技巧,找到应对目前心理困扰的方法。

1. 抑郁症

抑郁症全称为情感性精神障碍抑郁发作,以显著而持久的心境低落为主要临床特征,是心境障碍的主要类型。抑郁症是一种很常见的精神类疾病,根据2019年《柳叶刀精神病学》发表的相关研究,在中国抑郁症的终身患病率为6.9%,12个月的患病率为3.6%,根据此项数据估算,中国有超9500万的抑郁症患者。① 抑郁症在大学生群体中也较为常见。2020年9月,国家卫健委发布《探索抑郁症防治特色服务工作方案》,其中,各个高中及高等院校将抑郁症筛查纳入学生健康体检内容。

抑郁症的特点有人用“三无状态”来概括,即人生无意义、生活无乐趣、自我无价值。主要表现为悲伤、绝望、孤独、自卑、自责等,把外界的一

① Yueqin Huang, Yu Wang, and Hong Wang, et al, “Prevalence of mental disorders in China: across-sectional epidemiological study,” *The Lancet Psychiatry*, no. 3(2019):211-224.

切看成是灰暗的。抑郁症以心境低落为主要特征并且持续时间在两周以上，给本人造成痛苦和不良后果，严重影响社会功能的正常发挥，且至少有以下症状中的四种：(1)对日常活动丧失兴趣，无愉快感。(2)精力明显减退，无原因地持续疲乏感。(3)精神运动性迟滞或激越。精神运动性迟滞病人在心理上表现为思维速度缓慢、思考困难，病人将之表述为“脑子像是没有上润滑油”。同时会伴有注意力和记忆力的下降；在行为上表现为运动迟缓，工作效率下降；严重者可以达到木僵的程度。精神运动性激越病人的表现则与之相反，脑中反复思考一些没有目的的事情，思维内容无条理，大脑持续处于紧张状态。但由于无法集中注意力来思考一个中心议题，因此思维效率下降，无法进行创造性思考。在行为上则表现为烦躁不安、紧张激越，有时不能控制自己的动作，但又不知道自己因何烦躁。(4)自我评价低、自责、有内疚感、可达妄想程度。(5)联想困难，或自觉思考能力显著下降。(6)反复出现想死的念头，或有自杀的行为。(7)失眠，或早醒，或睡眠过多。(8)食欲不振，体重明显减轻。(9)性欲明显减退。

生物、心理与社会环境诸多方面因素参与了抑郁症的发病过程。生物学因素主要涉及遗传、神经内分泌等方面；与抑郁症关系密切的心理学易患素质是病前性格特征，性格不开朗、多愁善感、好思多虑、敏感性强等。成年期遭遇应激性的生活事件，比如生活或学业事业中出现重大困难，或者在公共场合自尊心受到伤害等，是导致出现具有临床意义的抑郁发作的重要触发条件。然而，以上这些因素并不是单独起作用的，目前多数学者认为抑郁症是由于遗传与环境或应激因素之间的交互作用而引起的。

2. 焦虑症

焦虑症往往是和抑郁症相伴相生的，患有焦虑症的人，常感到无明显原因、无明确对象、游移不定、范围广泛的紧张不安；经常提心吊胆，却又说不出原因。患者过分关心周围的事物，注意力难以集中，从而使工作和学习效率下降。焦虑症在大学生群体中集中表现为社交焦虑症和考试焦虑症。患有焦虑症的个体往往自我要求较高,或存在“糟糕至极”等不合理信念,给自己造成思想负担和心理压力。

3. 强迫症

强迫症是指在主观上感到某种不可抗拒和被迫无奈的观念、情绪、意向或行为存在。患有强迫症的人,明知某种行为或观念不合理,却无法摆脱,因而非常痛苦。强迫症患者的典型特点是强迫和反强迫并存。一些毫无意义、甚至违背自己意愿的想法或冲动反反复复侵入患者的日常生活。患者虽体会到这些想法或冲动是来源于自身,极力抵抗,但始终无法控制,强烈的冲突使其感到巨大的焦虑和痛苦,影响学习工作、人际交往甚至生活起居。典型表现是强迫思维、强迫行为等。

4. 恐怖症

个体对某些特定的对象产生强烈的和不必要的恐惧,伴有回避行为。当事人明知反应不合理,却难以控制而反复出现,可表现为社交恐怖、广场恐怖、幽闭恐怖、单纯性恐怖、旷野恐怖等。当代大学生群体中社交恐怖较为常见,国外有学者[①]认为遗传因素占主要比例,也有学者[②]认为社交恐怖症虽有家族聚集性,但是后天的人格形成、童年生活经历占有主要比例。社交恐怖症患者主要表现为内向、胆小、退缩、不善交际、害羞、不参与社会活动等,对正常的人际交往造成较大影响。

5. 精神分裂症

精神分裂症是一种严重且常见的精神疾病,多起病于青壮年时期,常伴随认知、情感、行为等多方面的障碍和精神活动的不协调。全球精神分裂症的终身患病率大概为 3. 8‰—8. 4‰。精神分裂症病因复杂,尚未完

① Mandol AK. and Baig MKoutoubiZ, “Management of acuterenal failure in the elderly Treatment options,” *Drugs Aging*, no. 4(2000):226.

② Santacruz F. and Barreto S. and Mayor MM etal, “Mortality in elderly patients with acuterenal failure,” *Ren Fail*, no. 4(2002):601.

裂症的终身患病率大概为 3.8‰—8.4‰。精神分裂症病因复杂,尚未完全阐明。最突出的表现为幻觉和妄想。幻觉包括幻视、幻触、幻嗅等,妄想则表现为被害妄想和关系妄想等。此外,患者也存在行为上怪异或者退缩,思维过程混乱不堪,讲话语无伦次,答非所问,有被跟踪、被洞悉的感觉,或情感淡漠、不协调等表现。大学生群体中,精神分裂症患者较少,但依然存在,患有精神分裂症的个体一般需要药物干预。

八、大学生心理健康教育主要途径

目前各高校开展大学生心理健康教育工作方式多元化,综合来看,可以概括为心理教学、宣传活动、咨询服务、预防干预、基础保障“五位一体”学生心理健康教育体系。

(一)心理教学

2016 年,教育部等 22 部委联合出台《关于加强心理健康服务的指导意见》,其中提出“高等院校要积极开设心理健康教育课程,开展心理健康教育活动;重视提升大学生的心理调适能力,保持良好的适应能力,重视自杀预防,开展心理危机干预”。目前,高校已普遍开设心理健康教育课程,有条件的高校已建立较为完善的心理健康必修课和选修课课程体系。课程作为课堂主阵地,可高效普及心理健康知识,传授心理调适技能。课程可结合心理测评结果和心理咨询案例总结,以学生需要为中心,贴近学生现实生活,确定教学内容。

(二)宣传活动

第二课堂是心理健康教学的必要补充,而各类心理健康教育知识宣传及教育活动是第二课堂开展的重要载体,它可以充分发挥学生的主体性,弥补课堂教育的不足，使心理健康教育不受空间、时间等因素的限制。宣传活动通常包括主题教育活动、常态化专题活动、朋辈辅导活动三大部分。主题教育活动主要是指利用每年“5·25（我爱我）心理健康教育宣传月”“世界精神卫生日”等重要时间节点集中开展以“心理健康”为主题的课外教育活动，如成长训练营、心理剧大赛、心理美文朗诵、微电影大赛、心理公益广告大赛等，目的在于营造积极向上的校园氛围，在潜移默化中帮助学生树立心理健康意识；常态化专题活动主要是指以“5·25 心理健康月”为基础，探索将每月 25 日设置为“心理健康指导中心开放日”，针对大学生的身心特点，定期围绕学业指导、人际沟通、情绪管理、自我成长、挫折应对、压力管理等主题开展工作坊，大力宣传心理保健知识，不断提高大学生心理调适能力；朋辈辅导活动是指通过校心协、院心协分会、班级心理委员建立朋辈心理辅导队伍，完善心理育人四级网络，充分发挥朋辈易沟通、好观察的优势开展心理健康教育工作。对班级心理委员开展理论实践培训，发挥学生主体功能，实现朋辈自我教育普及化，丰富和激发学校心理实践活动的平台和活力。

（三）咨询服务

心理健康教育需坚持共性与个性结合、普及性与差异性兼顾的原则。心理咨询是针对不同个体的不同心理困惑提供有针对性的支持与帮助的过程，它能够帮助来访者找到应对心理困惑的有效方法，并进行潜能开发，帮助个体更好成长。心理咨询按照形式可以分为个体咨询和团体咨询，个体咨询是一对一的，针对性强，但较为耗时；团体咨询是针对具有共性问题的小团体开展的辅导活动，私密性较差，但来访者可在辅导过程中通过观察与分享开展自我探索。许多高校开展了线上线下相结合的心理咨询模式，保证假期咨询不断档，这种措施可提供及时的心理援助，有效预防心理危机事件的发生发展。

（四）预防干预

预防干预工作的主要内容为全方位开展心理危机预防教育，提高学生心理危机应对能力；同时对存在心理困惑、心理障碍、心理疾病的学生给予及时干预，降低、减轻或消除可能出现的对自己和他人产生的危害。[①] 目前，部分高校已建立起四级心理育人网络，这是预防干预工作有效开展的机制保障，部分省份充分调动学校、医院、家庭及社区等资源，以学校为中心建立起一张校内校外纵横交错的防范网。具体措施如开展新生心理普测及心理约谈，实现普查全覆盖，掌握所有新生心理健康程度，建立学生心理健康档案；落实心理预警工作，因心理发展具有动态性，每月开展心理问题排查，对排查中发现的有心理问题的学生进行及时有效的心理辅导，防止心理问题进一步发展、恶化；充分利用医疗资源，达成“校医共建”。学校对重点学生个案逐一进行精神、心理问题的危机等级评估会诊，提出相应的干预意见和建议，给予后续跟踪指导或转介医疗机构治疗。

（五）基础保障

必要的场地建设、师资队伍、经费供给是心理健康教育工作有效开展的基础保障，目前大部分高校建立了心理健康教育工作领导小组，加强心理教育工作的组织领导；为心理教育工作的开展提供接待室、心理咨询室、心理放松室、团体辅导室、情绪宣泄室等必备的活动场地；并提供足够经费用于心理教育的宣传活动、普查建档，业务培训，专家讲座等，让学生普遍享有专业化、系统化、精准化、温情化的心理健康指导，推动学生全面成长成才。

① 夏智伦主编《高校心理健康教育操作实务》，高等教育出版社，2013，第 6 页。

第二节 实践活动

一、团体心理辅导——“新生适应训练营”团体心理辅导方案

团体目标:帮助学生调节心理状态,使成员之间在活动中相知相识,发展良好的人际关系,以积极的心理状态开始新学期学习生活。

团体性质:以提升心理适应性为主的发展性、结构性同质团体。

团体领导者:专兼职心理健康教师。

参加对象:新生。

开展时间:新生入学后一周内。

团体活动时间:预计 2 小时。

团体计划书:见表 1-1。

表 1-1 “新生适应训练营”团体心理辅导计划书

活动阶段	活动目的及内容	时间	准备工具
开场	1. 活动目的 引入主题,说明本次团体心理辅导的意义。 2. 活动内容 放入一些校园图片、同学们在学习生活中不可或缺的场景,配合简单文字。让成员初步了解熟悉校园环境,了解大学生活。介绍本次团体心理辅导的意义,通过各种活动设计,帮助大学生更好、更快地适应大学生活,完成从高中生到大学生角色的转变。	10分钟	PPT、视频、讲稿

续表

活动阶段	活动目的及内容	时间	准备工具
暖身活动	1. 活动目的 团体成员彼此相识,建立活动关系。 2. 活动内容 暖身活动部分包括“滚雪球”和“我的标志造型”两个小活动。具体操作方法为:八人一组,从其中一个人开始,每个人用一句话和一个动作介绍自己。语言和动作中必须包含几方面内容:姓名、家乡、与众不同的特点、最能代表自己的动物(配合标志性造型动作)。规则是:当第一个成员说完后,第二个成员必须从第一个成员开始将自己之前进行介绍的所有成员信息和动作重复一遍,这样做使所有成员注意力集中,相互协助他人准确记忆、完整表达。在多次重复中,彼此的熟悉程度随之加强。	20分钟	椅子
彼此熟悉	1. 活动目的 扩大交往圈子,加深彼此认识。 2. 活动内容 自制胸卡。团体成员各自为自己想一个昵称,写在胸牌上。规则是:昵称尽量避免出现动物名称,如小猫、小狗、小老虎等,以免重复;要求积极、健康、有意义。设计完毕后成员介绍其中含义,为何选择这个昵称,以便在更大范围内加深彼此的认识。	20分钟	彩笔、纸张、胸牌
人际关系适应	1. 活动目的 帮助团队成员融入新的人际环境,建立团队意识。 2. 活动内容 桃花朵朵开。具体操作方法为:团体成员围成一个圈,顺时针或逆时针跑起来。团体领导者会说“桃花朵朵开”,助手会问“开几朵?”领导者随机报出一个数字(需小于团队所有成员数),比如“5”,那么团队中临近的5个人要迅速手拉手围一圈结组,不能多也不能少,结组失败的团体成员需要表演一个小节目。 通过此环节,可以调动氛围,引导成员认识到主动适应新的人际环境的必要性,体验归属感。	25分钟	无

续表

活动阶段	活动目的及内容	时间	准备工具
畅想未来	1. 活动目的 寻找学习努力方向,明确大学阶段学习目标。 2. 活动内容 规划学业事业发展蓝图。指导语如下:每个人都有自己的梦想,学习上、事业上的目标一定是我们年轻时最重要和最宏伟的目标,生活上同学之间的友情、不期而遇的爱情也是人生宝贵财富。请你闭上眼睛,设想一下四年后你在学业上、事业上、生活上的图景,你那时候最理想的状态是什么样的?想好后,就用彩笔在发给你的 A4 纸上用图画、符号以及简单的文字描绘出来。给大家 5 分钟的时间完成蓝图,然后用 30 分钟时间进行小组(建议 8 至 10 人一组)分享,具体介绍一下自己的理想状态,并简要描述一下为达到理想状态,自己在大学阶段将如何付出努力。也可以分享困惑,例如不知道如何合理安排大学学习时间等,团体成员共同出谋划策。	35 分钟	A4 纸、彩笔
合唱励志歌曲	1. 活动目的 引导团体成员对大学生活树立美好愿景,通过强化期待帮助其更快适应大学生活。 2. 活动内容 合唱《我的未来不是梦》。先播放一遍,团体成员熟悉歌词,领导者利用此时间对本次活动进行总结:"大学时光短暂而珍贵,有丰富的知识需要去学习,有太多优秀的师长同学要去结识,有多样的活动为我们提供了锻炼自我的机会。希望在场的同学们能够快速融入大学生活,适应全新的校园环境、人际环境、学习方式。书写属于自己的绚烂青春。"第二遍播放歌曲时,全体成员起立,手拉手围成一圈,大声齐唱。	10 分钟	歌曲、打印好的歌词或 PPT

二、主题班会

(一)方案一

1. 主题:适应大学生活。

2. 时间：适用于新生入校后一个月内。

3. 地点：室内。

4. 形式：谈论、分享。

5. 目的：引导大学新生觉察自身心理状态，及时给予引导，帮助新生更好适应大学生活。

6. 过程

（1）辅导员或班主任作开场发言，说明本次班会的主要意义，班级同学作简单自我介绍，相互熟悉。

（2）回顾高中生活，描述当下心态。请学生代表分享自己的高中生活和进入大学后感受到的大学和高中的区别。设置此阶段的目的在于帮助学生认识到不同学习阶段的特点，正确看待适应问题，并分享进入大学后的困惑，引出不适应的表现。

（3）分享寓言故事，引发学生思考。

“谁动了我的奶酪”：从前，在一个遥远的地方，住着四个小家伙。为了填饱肚子和享受乐趣，他们每天在不远处的一座奇妙的迷宫里跑来跑去，在那里寻找一种叫作“奶酪”的黄澄澄、香喷喷的食物。

有两个小家伙是老鼠，一个叫“嗅嗅”，另一个叫“匆匆”。另外两个家伙是小矮人，一个叫“哼哼”，另一个叫“唧唧”。每天早上，他们会穿上运动服和慢跑鞋，离开他们的小房子，跑进迷宫寻找他们各自钟爱的奶酪。

迷宫里有许多曲折的走廊和蜂窝似的房间，其中的一些房间里藏着美味的奶酪，但更多的地方是黑暗的角落和隐蔽的死胡同，任何人走进去都很容易迷路。有一天，他们同时发现了一个储量丰富的奶酪仓库，便在其周围构筑起自己的幸福生活。安享于生活的他们没有发现，周围生活环境出现了小变化，结果，某天早上他们突然发现奶酪不见了。

这个突如其来的变化使他们的心态暴露无遗：嗅嗅、匆匆随变化而动，立刻穿上鞋子开始出去再寻找，并很快就找到了更新鲜更丰富的奶酪；两个小矮人面对变化犹豫不决，烦恼丛生，固守在已经消失的美好幻觉中追忆和抱怨，无法接受奶酪已经消失的现实。经过激烈的思想斗争，唧唧终于冲破了思想的束缚，穿上久置不用的跑鞋，重新进入漆黑的迷宫，并最终找到了更多更好的奶酪，而哼哼却仍在对苍天的追问中郁郁寡欢……①

通过分享寓言故事，引发学生思考，在环境改变时，我们应该有一份积极乐观的心态，主动适应环境改变，而不是停留在过去，对眼前的变化无所适从。

(4)辅导员或班主任作总结，为班级同学提供一些增强适应性的方法，以及学校心理健康指导中心等可求助的资源。

(二)方案二

1. 主题：了解心理健康知识，树立心理健康意识。

2. 时间：适用于大一新生。

3. 地点：室内。

4. 形式：谈论、分享。

5. 目的：普及心理健康知识，增强心理健康意识。

6. 过程

(1)如何看待心理健康

列举大学生群体常见的心理困惑，请同学们思考心理健康的标准。

A 同学：在与人交往时会感到紧张，不敢看对方的眼睛，自己非常苦恼，不知道怎么改变。

B 同学：临近考试，总是担心自己挂科，食欲不振，失眠。

C 同学：和异地恋女友闹分手，自己很痛苦，无法接受。

通过以上常见心理困扰引发学生思考，并引出心理健康标准。

---

① 陈楚瑞、耿永红主编《大学生心理发展与健康教育》，东北财经大学出版社，2011，第 24 页。

(2)你最想获取的心理健康知识

请每位同学写下自己最希望了解的心理健康知识,无须署名,将纸片收齐,打乱顺序,再下发,同学之间互相解答,并带着自己的疑问去学习心理健康教育课程的相关内容。

(3)观看电影《当幸福来敲门》

在观影活动结束后布置作业,结合影片内容简单写观后感,彼此相互分享,认识到生活中心理健康的重要性。

三、咨询案例

某高校大二男生张某某,最近出现胸闷、头疼、身体僵硬等症状,到医院就医,检查结果一切正常,医生推荐其进行心理咨询。在咨询过程中发现,该生脾气较为急躁,与宿舍同学关系不太融洽,近一个月经常因为小事和舍友怄气吵架,现在一进宿舍就感觉身体不舒服。经过咨询,该生能够认识到自己心理和身体是相互影响的,自己的胸闷、头疼、身体僵硬的症状与自己最近情绪波动及人际矛盾密切相关。咨询结束后,他主动修复与宿舍同学关系,紧张抑郁情绪有所缓解,不良身体症状也逐渐消失了。

身体和心理是统一的整体,二者相互影响,在教育教学过程中,需要学生树立心身紧密联系的意识,调整好身心状态,才能真正达到健康的标准。

第二章 心理咨询

第一节 理论基础

一、心理咨询的概念

我国心理咨询于20世纪80年代逐渐兴起。1986年,北京市朝阳医院创立了我国第一个心理咨询科室,从此,心理咨询工作在我国以空前速度迅猛发展。① 目前,大部分大中小学都已经设立了心理健康指导机构来开展专业心理咨询。心理咨询是治疗心理疾病、维护心理健康、促进心理和谐发展的重要途径,它是医院心理门诊的重要治疗手段,一些社会心理服务机构的重要工作内容,也是高校心理健康教育中的基础性工作。在心理咨询过程中,受过专业训练的心理咨询师根据心理学的理论,针对来访者的心理问题运用心理学的方法、技术,帮助其应对心理问题、增进身心健康、促进人格开发和潜能开发。心理咨询过程包括三个要素:咨询师、来访者、咨询过程。咨询过程围绕助人自助的理念展开,咨询师和来访者共同面对问题,咨询师通过倾听、质疑、澄清、具体化等技术,引导来访者发现问题,面对问题,解决问题。

---

① 中国就业培训技术指导中心,中国心理卫生协会编写;郭念锋主编;虞积生副主编《心理咨询师.基础知识》修订本,民族出版社,2012,第425页。

国内心理咨询历经40年发展,大众对于心理咨询已形成初步认识,但接受程度依然不高。这源于对心理咨询存在一定的误解和偏见。

误解一:心理问题等于精神病

心理问题与精神病是两个不同的概念。心理问题是个体在成长的不同阶段,产生的程度较轻的心理失衡。而精神病是医学概念,病人大部分会有器质性变化,部分精神病患者对自己的疾病没有自知力,也不会主动求助。向心理咨询师求助的人通常是正常人,他们有不同程度的心理困扰或是轻微的心理疾病。

误解二:心理学可以窥人内心

许多人想象中的心理咨询师具有透视人心的本领,认为自己不用多说什么,咨询师就能够了解自己在想什么、有什么心事,并给出有效方法,自己坐享其成。其实咨询师并没有这样的特异功能,心理咨询师只是受过系统的心理治疗训练,更懂人性及人的心理发展规律,更懂得尊重和理解,更擅长通过一定的咨询技巧帮助来访者认识到问题并找到解决问题的方法。

误解三:心理咨询等于无所不能

不少人急切地希望从咨询师这里求得灵丹妙药或者一个奏效的方法,自己一用就可以解决问题。但是,通常情况下,心理咨询是一个连续的、艰难的改变过程。心理问题常与来访者的个性及生活经历有关,就像一座冰山,积封已久。要有效解决多年积累的问题,需要短则几次长则几十次甚至更多的时间。心理咨询过程中,需要关系建立、心理评估、心理帮助、结束巩固等阶段,在这个过程中,来访者也会不断自我思考、自我调适,是一个缓慢的心灵成长过程,很难立竿见影。在最初几次咨询过程中,有些来访者未感受到明显效果,就会比较失望,甚至中途放弃,其实是对心理咨询没有形成正确的认识。

误解四:心理咨询就是聊天

心理咨询或治疗与普通的聊天有很大的区别,心理咨询或治疗的形式很多，有的是通过提问解释等言语交流方式，有的则是通过沙盘、音乐、绘画、心理剧或系统排列的方式。即使是言语的咨询与普通的聊天也不相同。心理咨询是一项专业性很强的工作，有其完整的理论体系和成熟的技术方法。咨询师不是劝慰指导当事人，而是通过一些问题启发当事人自己思考，使当事人产生反思和洞察，从而自觉调整自己以更好地适应环境。

二、大学生心理咨询的种类

（一）根据咨询形式可以分为个体咨询、团体咨询

个体咨询是一对一的形式，其最大优点是针对性和保密性强，咨询者和来访者能够有机会建立一种彼此信任的关系。这种关系会为来访者提供一种安全感，降低他们的心理防御机制，袒露自己的内心世界。因为心理咨询中涉及内容有一些是隐私性的，既然是隐私就不可能在很多人面前说出来。个体咨询往往能够较为深入地探寻问题的根源，能够保证咨询的深度，但相比于团体咨询而言，更为耗费人力和时间。团体咨询是指由咨询人员根据咨询对象所提出的问题，将他们分成课题小组进行讨论、引导、指导、解决共同关心的问题。也可以由咨询对象自愿组成小组，根据共同的心理问题进行辅导。团体的主题多种多样，比如人际关系、自我认识、情绪管理、异性交往、音乐治疗，等等。在团体中，彼此相互了解，相互帮助，共同面对自身的问题。团体心理辅导可以通过多种形式开展，包括一些启迪性的游戏还有故事分享等。团体咨询优点在于能够在较短时间中对某个问题展开集中讨论、交流，成员之间能够彼此提供支持。对于解决人际关系问题十分适用，因来访者在团体中不仅能够分享自身在人际交往方面的困惑，也可以学习人际交往技巧，与他人建立人际连接，增强积极体验。不足之处在于因参与成员较多，所以保密性不如个体咨询，团体成员对于

自身觉察或思考的深度较浅,针对性不够。

（二）根据内容划分,大学生心理咨询一般包括四个方面

一是,心理发展过程中一般问题的咨询。比如青春期异性交往、宿舍人际关系、自我成长过程中的困惑、人格发展等。咨询的主要目的是帮助大学生改变不合理认知,掌握情绪调适策略,学习形成良好的行为习惯。二是,教育与学习咨询。包括学习动机、学习方法、良好学习习惯的培养、各种学习障碍的治疗等。三是,心理及行为障碍咨询。青春期是心理冲突高发的时期,大学生第一次独立面对一些心理挫折,容易产生心理与行为上的不适应。如适应不良问题,神经衰弱、强迫症、抑郁症、人格障碍等。四是,升学与就业指导。包括性格与职业兴趣的测量,专业选择问题,职业走向问题,就业前的心理适应问题、就业定向问题等。这类咨询对象无明显心理冲突,咨询的目的主要是充分认识自己和环境,增强自身适应能力,更好促进自身全面发展。

三、心理咨询的意义

（一）于个人而言,心理咨询能够为学生提供支持和陪伴

主动走进心理咨询室的学生,往往被某种问题困扰已久,不知道如何解决。此时,专业的心理援助能够为其提供陪伴、关注和支持,能够及时解答其内心困惑,深化学生的自我认识;能够为积累已久、无法纾解的情绪找到一个出口,通过合理方式进行情绪管理。

（二）于家庭而言,能够增强家庭成员之间的感情交流

学生的问题往往和原生家庭有着密切关系。在成长过程中,父母对孩

子的影响深远。通过心理咨询,可以帮助学生认识到家庭成员之间的交流互动方式是什么样的,如何对自己产生影响,学习如何和父母进行沟通,如何更加理解彼此。咨询过程能够帮助学生学习更好的人际交往模式,增进家庭成员之间的感情交流。

(三)于学校而言,能够保障校园的安全稳定

通过心理咨询,可以深入了解学生的心理动态,对成长过程中的困惑给予及时的指导和帮助,有效避免发展成为心理疾患,在一定程度上避免心理危机事件的发生,保障了校园的安全稳定。马加爵事件、复旦投毒案等类似事件,为高校敲响了警钟,若在事件发生前,事件主人公能够及时接受专业心理咨询,其个人及家庭、学校在很大程度上能够避免如此严重的损失。

四、心理咨询的理论基础

(一)精神分析观点

精神分析观点代表人物是西格蒙德·弗洛伊德(简称弗洛伊德)[1],弗洛伊德是一位精神科医生,也是一位心理学家,他提出了众多经典的心理学理论。他将人的心理结构分为三个层次:意识、前意识、潜意识。通常情况下,我们能够觉察到的是自己的意识活动,是人对自身及周围环境事物的认识,但它只占心理能量的一小部分。潜意识是心理活动的深层部分,包括人类的原始冲动和本能,有些欲望、经验、记忆虽然个体意识不到,但是却在潜意识领域一直存在,也在无形中影响着个体的行为,因为它与社

---

① 西格蒙德·弗洛伊德(1856 — 1939),奥地利精神病医师、心理学家、精神分析学派创始人。

会道德相悖,或者会引发个体强烈的情绪行为反应,所以被压抑在潜意识领域,就像海面上冰山一角下的巨大冰块,虽然平时无法被个体看到,但却蕴含着巨大的能量,左右着人们的思想和言行。前意识是介于意识和潜意识之间的,主要功能是在意识的指导下,筛选那些潜意识中可以进入意识领域的欲望想法,防止与主流价值观不符的观念进入。在心理咨询和心理治疗中,个体的心理疾病或异常症状往往和潜意识有关,精神分析观点主张通过催眠、释梦、自由联想等方法,令个体认识到导致心理问题或障碍的潜意识层面的原因,并尝试接纳童年的创伤经历,破除心理阻抗,强化自我使行为更符合现实。很多学者在弗洛伊德经典精神分析理论基础上提出过自己的观点,如古典精神分析、客体关系学派、自体心理学等,对于精神分析理论的发展和更好应用起到了重要作用。精神分析理论对于心理咨询及治疗工作具有较大的指导意义,个体成年后表现出来的异常行为,往往因不知道原因而产生烦恼,找不到解决办法,而通过精神分析方法,可以使个体理解自己行为背后的深层次原因,理解的基础上才能够接纳,接纳也是改变的开始。

(二)人本主义观点

人本主义观点的代表人物是亚伯拉罕·马斯洛(简称马斯洛)[①]和卡尔·罗杰斯(简称罗杰斯)[②],提倡从人的主观意识经验出发,既反对行为主义的环境决定论、也不认同精神分析的无意识理论。基本观点是人有自我实现的需要,也有自我发展的潜力,咨询师需要在咨询过程中给予充分的接纳、关怀和陪伴,创设安全的环境,建立良好的咨访关系,帮助来访者自我觉察、自我接纳,朝着积极方向改变。它充分肯定人的尊严和价值,积

---

① 亚伯拉罕·马斯洛(1908 — 1970),美国社会心理学家,第三代心理学的开创者。

② 卡尔·罗杰斯(1902 — 1987),美国心理学家,人本主义心理学的主要代表人物之一。

极倡导人的潜能的实现,强调咨询师在咨询的过程中要始终与来访者并肩站在一致的立场上,时刻关注来访者内心的体验,建立真实的、真诚的、团结平等的、正直而诚实的、没有保守及偏见的治疗关系。让来访者感受到一种和谐的、无条件积极关注和共情的氛围,这是治疗取得成效的关键所在。在这样的一种咨访关系中,来访者无限的“潜能”便可能迸发出来,学会为自己的行为负责,思想和行为往积极的方向改变。

(三)认知主义观点

认知主义观点聚焦于刺激进入大脑后的信息加工过程,基本观点是心理问题产生的根源是个体不合理的认知,不良情绪和行为的产生背后都有不合理信念的存在,心理咨询的主要任务是帮助来访者认识到自身不合理的观念想法,并加以纠正,从而达到改变行为的目的。代表人物有阿尔伯特·艾利斯(简称艾利斯)[①]、唐纳德·梅肯鲍姆[②]等。在心理咨询中,应用最广泛的是艾利斯提出的理性情绪疗法。理性情绪疗法认为情绪不是由某一诱发事件本身引起的,而是由经历了这一事件的主体对这一事件的解释和评价引起的。艾利斯总结出 11 种常见的非理性信念,概括而言有三个主要特点:过分概括化(表现为以偏概全,不能客观地看待人事物);绝对化要求(以自己的意愿为出发点,认为某事必定发生或不发生的想法);糟糕至极(将可能的不良后果无限严重化的思维定式。即使发生的是一件小事,也会认为是非常可怕、非常糟糕,甚至是一场灾难,导致个体陷入极端不良的情绪体验中)。在心理咨询中,理性情绪疗法应用非常广泛,效果也比较好。

---

① 阿尔伯特·艾利斯(1913 — 2007),美国临床心理学家。

② 唐纳德·梅肯鲍姆(1940 —),美国临床心理学家。

(四)行为主义观点

行为主义代表人物有伊万·彼得洛维奇·巴甫洛夫[①]、爱德华·李·桑代克[②]、约翰·布鲁德斯·华生(简称华生)[③]、爱德华·托尔曼(简称托尔曼)[④]等。不同心理学家的观点略有不同,但共同点,也是行为主义的基本观点是:人类的行为是学习的结果。它不关注遗传因素,主张心理学应更多关注外显的行为层面,而不是内隐的意识层面。它认为行为是可以通过训练、强化等方式塑造的,强调环境的塑造作用。行为主义观点在教育心理学领域中应用非常广泛,其所提出的“经典条件作用”“操作性条件作用”以及“迷笼实验”“条件反射实验”等概念,能够清晰地解释人类行为的习得过程,也能够通过相关操作达到塑造行为的目的。按照行为主义的观点,在心理咨询中,正常行为和异常行为都可以通过学习而习得,也可以通过学习而改变。它的目标是通过强化、重复等学习过程帮助来访者形成新的健康的行为模式,矫正异常行为,学会控制情绪,增强环境适应能力。

五、大学生心理咨询现状

(一)大学生对心理咨询认可度不高

我国已进入信息化、网络化时代,生活和工作的节奏加快,给个体带来的生理和心理上的压力也大大增加,大学生心理发展尚未完全成熟,心理健康问题已呈现出比单纯的躯体健康问题更突出的态势。很多大学生即

---

① 伊万·彼得洛维奇·巴甫洛夫((1849 — 1936),俄国生理学家、心理学家。

② 爱德华·李·桑代克(1874 — 1949),美国心理学家。

③ 约翰·布鲁德斯·华生(1878 — 1958),美国心理学家。

④ 爱德华·托尔曼(1886 — 1959),美国心理学家。

使饱受心理问题的折磨，宁可选择默默忍受，也不会选择心理咨询，因社会大众普遍对心理咨询和心理治疗存在误解，心理咨询去污名化并不彻底。受传统观念的影响，很多学生家长对心理问题重视程度不高，即使学生明确和家长沟通了自己的心理困惑，寻求支持或者已经表现为重度心理疾病，很多家长依然不重视，没有选择专业的心理援助。这种现象产生的原因，一方面是心理健康知识的缺乏，一方面是受"病耻感"影响，学生及其家长担心被贴上"心理有病"的标签，影响他们未来的生活。江光荣①等人为探讨我国大学生在面对心理问题时的求助倾向以及妨碍大学生寻求专业帮助的原因，采用整群随机抽样的方法，选取300名全日制本科生作为对象，研究大学生的求助行为，包括问题类型（学业问题、生活问题、就业问题、异性交往、失眠问题和心理情绪障碍）、解决求助方式（自己解决、求助于他人、其他处理方式），求助的首选对象（家人亲戚、朋友恋人、老师、心理咨询师）。研究发现，大学生求助行为表现出两个明显倾向：第一，对于所面临的大多数困难，大学生都倾向于自己处理；第二，心理情绪障碍的求助方式与所有其他个人问题的求助方式明显不同，大学生面临此类问题更倾向于求助他人。面对的问题不同，大学生首选的求助对象有很明显的区别。妨碍大学生寻求专业帮助的最主要的两个原因，一是认为自己能解决，二是不愿暴露隐私。② 具体而言，妨碍大学生走进学校心理咨询室的原因有九类：1. 能自己解决；2. 学校有关心理服务组织的宣传不够；3. 问题不严重；4. 接受心理咨询容易在周围的人群中造成议论；5. 不愿暴露个人隐私；6. 有其他解决办法；7. 对咨询师的能力不信任；8. 日常生活中接受心理咨询并不是一种常见的减压方式；9. 学习负担重，没有时间。根据研究结果，大学生出现心理问题时求助于心理咨询的行为并不普遍。为教育引

---

① 江光荣（1955 —　），华中师范大学心理学院教授。

② 江光荣、王铭：《大学生心理求助行为研究》，《中国临床心理学杂志》2003年第3期。

导大学生正确认识心理咨询,充分发挥专业心理援助的作用,在高校教育教学工作中,需帮助大学生形成正确认识。心理咨询遵循教育模式,而不是医学模式,它所面临的群体是需要心理辅导的正常人。心理困扰非常普遍,就像感冒一样,每个人在不同境遇、不同阶段都有可能会出现,而主动寻求心理咨询,获得专业心理援助是对自己负责的表现,也是强者的行为。

(二)高校心理咨询师专业化程度参差不齐

目前我国大中小学心理健康教师队伍在逐步规范化过程中,但仍然存在部分学校从事心理健康教育工作的教师专业化水平不高的现象。就高校来说,为学生开展心理咨询的教师一部分为有心理学专业背景的专职心理健康教师,一部分为开展学生工作多年,但无专业背景的兼职心理健康教师。兼职心理健康教师多为辅导员或其他岗位教师,他们有自身本职工作,加上对心理学理论未经过系统学习,所以在开展心理咨询时,在理论基础及咨询技术灵活运用方面有所欠缺,多采用思想政治教育的思路开展心理咨询,导致有时咨询深度不够,咨询效果打折扣。针对这一现象,需要加强专兼职心理健康教师队伍建设。一方面需要引进更多具有心理学专业背景或精神医学专业背景的人才进入专职心理健康教师队伍,并对心理健康教师所负责内容进行明确分工、模块化管理;一方面也需要针对学院心理辅导员,开展专业的心理咨询技能培训,持续提高其专业化程度。

六、心理咨询与心理治疗的关系

(一)共同点

心理咨询和心理治疗最突出的共同点首先在于其理论基础有很大一部分是重叠的,如前文中提到的精神分析观点、认知主义观点等,既是心理咨询的理论基础，也是心理治疗的有效指导；其次，二者的终极目标是一致的，都是促进个体心理健康，保证学习工作效率，提升生活品质；再次，二者都需要建立良好的咨访关系或者医患关系，这是工作良好开展的前提。

（二）不同点

1. 二者的工作对象不同。心理咨询主要针对有心理困扰的正常人，而心理治疗主要针对心理疾病患者。

2. 二者的工作内容不同。心理咨询主要处理正常人遇到的各种问题，如学业职业发展、人际关系矛盾等；心理治疗主要围绕心理障碍、心身疾病、行为障碍展开。

3. 二者的工作时限不同。一般来说，心理咨询用时较短，咨询次数从一次到几次不等，且效果较为显著；心理治疗用时较长，通常花费几个月到几年。

4. 二者的工作侧重点不同。心理咨询主要致力于促进心理健康发展，使来访者摆脱心理困扰，增强适应能力；而心理治疗则是使来访者治疗心理疾病，消除或缓解病理症状，恢复正常生活。

5. 两者关系性质不同。心理咨询基本上是平等的咨询关系，咨询师主要工作任务是引导来访者察觉自身问题，并协助共同找到解决办法，强调咨询师对来访者的尊重和理解；而心理治疗是医患关系，一方是有处方权的精神科医生，一方是精神疾病患者，在治疗过程前期，主要是药物干预，患者病情稳定后，才辅之以心理咨询。心理治疗过程强调患者对心理医师的顺从与配合。

6. 二者使用的工作方式不同。心理咨询中最主要的方式是访谈法，较少使用药物；而心理治疗中，药物干预必不可少，有时也会使用电击设备等。

七、大学生心理咨询工作中的重难点问题

(一)问题一:引导者还是合作者

心理咨询是助人自助的过程,这就要求,来访者和咨询师统一战线,共同实现心理发展这一目标,这也意味着来访者和咨询师是同盟关系、合作关系,咨询师的主要职责即是通过自身专业知识,帮助来访者实现咨询目标。而大学生心理咨询过程中,咨询师多为高校专兼职心理健康教师,具有教师身份,教师身份和咨询师身份的职责有所区别,更偏重传道解惑,在学生眼中,往往更有权威性,很多学生在咨询过程中无法完全对心理健康教师敞开心扉,有所顾忌,担心影响自己的学业和发展。这就要求高校心理健康教师在开展心理咨询过程中,要更多地给予来访者尊重陪伴,既要站在教师的角度在咨询目标上保证学生在咨询过程中能够将社会主义核心价值观根植于心,又要在咨询过程中持有同理心,如此学生才能够信任老师,也愿意倾诉,心理咨询工作更好开展,思想政治教育更有成效。

(二)问题二:咨询师的自我保护

咨询师是开展心理咨询工作的主体,其专业技能、身心状态、工作认同度都会影响心理咨询效果。咨询师的自我保护非常必要,主要体现在三个方面。1. 部分心理咨询师缺少相关法律和专业伦理知识。2012 年,我国颁布了《中华人民共和国精神卫生法》,明确规定了咨询师的权利义务,进一步规范了心理治疗和心理咨询过程,是对心理咨询师、心理治疗师和来访者、患者的有效保护。但目前大部分高校对此重视程度不够,缺少相关培训,导致心理咨询师在开展心理咨询过程中也存在对相关法律认识不清、解读不到位的情况,这就容易在学校心理咨询工作中出现“越界”的现

象，无法正确有效处理学校、学生及家长等多方关系，甚至出现违法行为。2. 大部分高校心理咨询师缺乏及时有效督导，面对来访者的攻击、咨询过程中长期接触负能量事件，咨询师无法全部完成自我排解，长期如此，容易对高校心理咨询师的身心健康造成伤害。3. 目前部分高校的心理健康教师在承担心理健康教育工作的同时，也需要承担其他学生事务工作，工作事务较为繁杂，压力较大。且对于心理健康教师的考核评价机制不够规范，导致从事心理咨询工作的相关教师付出和回报不成正比，长期如此，容易导致心理健康教师在心理咨询过程中出现有心无力、丧失工作热情等状态，不仅影响了心理咨询效果，也对心理咨询师的身心健康造成较大影响。

八、大学生心理咨询的工作方向

（一）加强“学校—家庭—医院”多方联动，织密心理防护网

心理咨询的目标是维护大学生心理健康，提高其自身心理调适能力，学校是心理咨询工作开展的主体机构，而家庭对孩子影响深远，良好的家庭教育能够巩固心理咨询效果，而很多大学生家长对心理健康认识不够，对心理咨询不太认可，也没有充分意识到自己错误的沟通方式会造成孩子的心理问题。所以在大学生心理健康教育工作中，也应该针对家长群体开展专业讲座，建立有效的家校沟通模式，提高家校沟通的效率；对于部分存在心理疾病的大学生而言，学校心理咨询已不能满足其需求，必须要求助于专业的医学力量，《精神卫生法》也对心理咨询师的工作进行了界定，规定一旦遇到心理异常的来访者，需要马上转介。建立良好的校医合作模式，可以保障出现心理疾病症状的大学生或者出现心理危机的大学生在需要时能够及时转介，接受专业治疗。

(二)规范心理健康教师队伍建设,加强培训力度

进一步规范心理健康教师工作职责,建立合理的评价机制。从咨询原则、工作流程、预约接待、过程记录、结果存档等环节,加强规范化设置;组织定期的交流培训与心理沙龙活动、邀请专家学者进行培训,心理咨询工作是一项专业性很强的工作,需要老师具备扎实的专业理论基础以及心理问题学生的识别方法、心理辅导技术等方面的专业技能,需要建立常态化的培训机制,通过线上、线下不同形式开展心理咨询技能、专业伦理、相关法律等培训;鼓励不同学校的心理健康指导中心交流学习,通过学习、借鉴其他院校心理咨询工作的优势,改善本校心理咨询工作的不足之处;定期召开督导会议,进行专业督导,有效缓解心理咨询师的职业压力,也能够在一定程度上提高心理咨询技能。

第二节　实践活动

一、团体心理辅导——“治愈失眠”团体心理辅导方案

团体目标:帮助学生了解睡眠相关的心理学知识,掌握情绪放松技巧,改善睡眠质量。

团体性质:改善身心状态的问题解决导向团体。

团体领导者:专兼职心理健康教师。

参加对象:各年级大学生。

开展时间:不限。

团体活动时间：预计 2 小时。

团体计划书：见表 2-1。

表 2-1　“治愈失眠”团体心理辅导计划书

活动阶段	活动目的及内容	时间	准备工具
开场	1. 活动目的 引入主题，说明团体心理辅导的意义。 2. 活动内容 辅导老师和小组成员自我介绍、简介活动目的、意义。通过播放有关世界睡眠日的科普视频，让学生了解睡眠的意义；依据《2020 年中国睡眠指数报告》《2020 全民宅家期间中国居民睡眠白皮书》等调研结果，介绍目前睡眠问题的普遍性，引起团体成员对睡眠问题的重视。	20 分钟	PPT、视频、讲稿
自我评估	1. 活动目的 了解自己和他人睡眠相关困惑，评估程度。 2. 活动内容 圆圈评估。具体操作方法为：请全体成员起立，手拉手围成一个圆圈，依次询问相关问题：①感觉自己有失眠症状的，往前跨一步；②最近两周内失眠明显影响到自己身体状况的，往前跨一步；③最近两周内感觉失眠明显影响到自己学习效率的，往前跨一步；④对改善自己睡眠状况有信心的，往前跨一步。请符合问题的成员向前跨一步，观察一下大家的反应，然后让向前跨步的成员退回去，接着再评估下一个问题。	20 分钟	无
认知调整	1. 活动目的 通过分享，明确睡眠问题出现原因，并介绍认知行为疗法。 2. 活动内容 请团体成员依次分享：自己的睡眠问题什么时候出现的、如何表现、自己曾经做出过哪些努力让改善、有何成效等；向团体成员介绍认知行为疗法，引导成员认识到个体适应不良的行为与情绪都源于适应不良的认知；带领团体成员自我觉察是否对于睡眠过度关注、是否在失眠现象背后存在不合理信念、制定解决睡眠问题的个人计划。此环节为本次团体辅导的中心环节。	30 分钟	彩笔、纸张

续表

活动阶段	活动目的及内容	时间	准备工具
减压放松	1. 活动目的 放松训练，改善紧张焦虑状态。 2. 活动内容 冥想练习。具体操作指导语：请大家坐在椅子上，尽可能地舒服，闭上眼睛，深呼吸。在吸气的时候，想象大自然的阳光，新鲜的空气，愉快的心情，通过呼吸，把它吸入体内。在呼气的时候，想想把疲劳、不愉快的心情、身体上的疼痛通过呼气把它排出体外。会感觉越来越轻松，越来越自然，越来越平静。继续调整呼吸，让自己平静下来。接着想象自己离开活动室，来到大海边，大海非常非常的辽阔，蓝天白云，海鸥飞翔。站在海边，呼吸着新鲜的海风，让凉凉的海水拍打着你的脚面。凉爽、细腻、自然、轻松，把长期积累的疲劳、不愉快的心情，装在小瓶子里面，扔得远远的，让它远离。留下的是轻松和满足。请继续享受在海边美好的景象，然后想象告别大海，回到现在，继续放松，数数，数到 3 的时候，请慢慢睁开眼睛①。	10分钟	无

① 樊富珉主编《结构式团体辅导与咨询应用实例》，高等教育出版社，2015。

续表

活动阶段	活动目的及内容	时间	准备工具
畅想未来	1. 活动目的 了解睡眠健康知识，培养良好心态。 2. 活动内容 分享 12 条健康睡眠小贴士。 ①坚持固定的睡眠时间； ②锻炼很有益，但不要在一天中太晚时间进行； ③避免咖啡因和尼古丁的摄入； ④睡前避免喝酒精饮料； ⑤深夜避免大量进食和喝饮料； ⑥尽量避免使用会延迟或破坏睡眠的药物； ⑦下午 3 点以后不要午睡； ⑧睡前放松。不要把白天安排得太满，以至于没有时间放松。你的睡前习惯应该包含一项轻松的活动，如阅读或听音乐； ⑨睡前洗个热水澡。洗过澡后，体温的下降可能会使你感到困倦，洗澡也可以帮助你放松，更容易入睡； ⑩保持卧室幽暗凉爽，并且不要放置任何电子产品。卧室里的电视、手机或电脑可能会让人分心，无法入睡； ⑪适当晒晒太阳。日光是调节日常睡眠模式的关键，尽量每天在自然阳光下晒 30 分钟以上； ⑫醒着时不要躺在床上。不能入睡的焦虑会使人更难入睡。	10 分钟	A4 纸、彩笔

二、主题班会

（一）方案

1. 主题：心理咨询知多少。

2. 时间：大一到大四均可开展。

3. 地点：室内。

4. 形式：谈论、分享。

5. 目的:对心理咨询形成正确认识,鼓励积极求助。

6. 过程

(1)你如何看待心理咨询?

请同学们分享对于心理咨询的看法,引导学生关注"心理咨询"。

(2)心理咨询不等式

以不等式的形式帮助大学生对心理咨询形成清晰认知,澄清对于心理咨询的常见误解。包括:心理咨询≠有病;心理咨询≠聊天;心理咨询≠思想政治教育;心理咨询≠立刻见效。

(3)角色扮演

心理委员作为心理咨询师,一名同学作为来访者,以心理剧形式帮助同学们了解心理咨询的过程。

三、咨询案例

女生郭某某是一名大一新生,自述进入大学后会莫名其妙不开心,目前已持续一个月有余(情绪低落现象),对外界的人与事物不感兴趣,经常自己闷在宿舍发呆;有时,同学热心叫自己一起参加活动或聚会,自己也不想参与(人际退缩行为)。入学后,特别想不开时,也有过自杀想法。有些问题想不开会有拿头撞墙的自我伤害行为,具体什么事说不上来。在咨询前一周曾经实施自杀行为,具体原因不愿意说(较强烈的自伤自杀意念和行为,表现出阻抗行为)。心理中心老师安排该生做了抑郁自评量表和自杀风险评估量表,抑郁自评量表标准分 73.5 分,为重度抑郁范畴,自杀风险量表得分 8 分,大于 7 分,存在自杀风险。结果反馈辅导员,并联系合作医院为学生做专业诊断,医院诊断为典型的重度抑郁,叮嘱该生按时服药,定期随诊。该生自医院就诊返校后,在心理健康指导中心进行第二次咨询,咨询过程中为该生介绍了基本的情绪调节方法,并提供了校内校外心理援助的联系方式。校级心理健康指导中心针对该生建立了心理健康档案,并联合二级学院心理辅导站对该生进行追踪谈话,同时安排心理委员或宿舍心理联络员密切盯防,以保证其状态平稳。在药物治疗及心理治疗一段时间后,该生状态趋于平稳。

第三章 自我意识

第一节 理论基础

心理社会发展理论指出,青年早期是青少年确定自我意识,学习社会角色规范的时期,其主要的心理发展任务是确定良好的自我同一性,避免角色混淆。青年期学生也确实经常思考"我是什么样的人""我希望自己变成什么样""我该怎么做才能变为理想自我"等问题。这是个体自我探索的阶段,大学生会在不断思考中,加深对自己的认识。如果能够正确看待自己、悦纳自己,就能形成健康的自我、完善的人格;相反,就会出现自我意识偏差,表现出各种心理困惑。

正是由于人具有自我意识,才能够对自己的思想和行为进行自我控制和调节,形成完善的人格。在学习心理健康相关课程之前,大部分大学生对于"自我意识"的概念较为模糊,也未充分意识到自我意识对于心理发展的重要性,如何使大学生更好更具体地理解其定义和作用,是心理育人工作需要思考的。

一、什么是自我意识

自我意识是个很抽象的心理学概念,可以通过"伤痕实验"帮助学生理解。"伤痕实验"是美国科研人员进行过一项有趣的心理学实验。科研人员向参与实验的志愿者宣称，该实验旨在观察人们对身体有缺陷的陌生人做何反应，尤其是面部有伤痕的人。每位志愿者都被安排在没有镜子的小房间里，由好莱坞的专业化妆师在其左脸做出一道血肉模糊、触目惊心的伤痕。志愿者被允许用一面小镜子照照化妆效果，然后再拿走小镜子。

随后，化妆师表示需要在伤痕表面再涂一层粉末，以防止它被不小心擦掉。实际上，化妆师用纸巾偷偷抹掉了化妆的痕迹。并将对此毫不知情的志愿者，派往各医院的候诊室，志愿者的任务就是观察人们对其面部伤痕的反应。观察规定的时间到后，返回的志愿者竟无一例外地叙述了相同的感受：人们对他们比以往粗鲁无理、不友好，而且总是盯着他们的脸看！可实际上，他们的脸上与往常并无二致，没有什么不同。

上述实验过程中，志愿者之所以得出那样的结论，无疑是他们在化完妆照了镜子后对自我已经做了定义的结果。他们认为自己的样子就是面部有伤痕的，这即是志愿者的自我意识。如何看待自己，是否接纳自己，这都是自我意识的内容。

自我意识发展是伴随我们一生的持续过程，包括产生、发展和成熟三个阶段。自我意识的产生是随着个体语言和思维的发展而发展的，刚出生的婴儿是没有自我意识的，他们不会区分自己与外界事物。在2—3岁，能够有意识地使用第一人称“我”来表达自己的意愿，这是自我意识的产生阶段。每个人的生理因素和社会经历不同，他的自我意识产生、发展和成熟程度和时间是存在差异的。

20世纪60年代，我国学者开始聚焦于“自我”“自我意识”等概念，80年代，随着研究深入，学者们对于“自我意识”概念提出了不同看法，如：“自我意识包括人在实践中自己对自己、自己对自然、自己对他人、自己对社会等关系的意识活动。”[①]“自我意识是个体对自己的心理过程与心理内

① 张春兴编著《张氏心理学辞典》，东华书局，1989，第1页。

容的反映。”①也有一些学者认为自我意识和自我是统一概念，“自我意识就是自我，是个体的一切叫作‘他的’总和”②。综合来看，我们可以将自我意识理解为个体对自己以及自己与周围世界关系的认识。当向别人介绍或描述自己时，常会说：我的兴趣是……我的性格是……我的理想是……，这些都是对于自我的描述。深入理解自我意识，还可以从自我意识的结构入手。

自我意识可以分为自我认识、自我体验和自我调控三个部分。自我认识对应的是自我意识的认知部分，主要解决的是“我是一个什么样的人”“我为什么是这样一个人”“我的优缺点是什么”等问题；自我体验对应的是自我意识的情感部分，主要解决的问题是“我是否对自己满意”“我能否悦纳自己”等问题；自我调控是自我意识的行动部分，回答的是“如何改变现状，使自己成为一个理想的人”等问题。其中，自我认识是自我体验、自我调控的基础，有了认识才会产生情感，才会促使个体去改变；自我体验是自我认识的结果，它影响自我调控的方向和力度，比如个体对自己满意，那么会继续保持，如果对自己不满意，就会努力去调整自己；自我调节则通过对心理行为进行调节而影响自我认识和自我体验。

二、自我意识的表现形式

自我意识可表现为不同形式，按照不同分类标准，分为以下类别。

（一）生理自我、社会自我、心理自我

生理自我，是指个体对自身生物属性的基本认识，主要是对身体、生理

① 张增杰：《论大学生心理》，西南师范大学出版社，1986，第53页。

② 全国八院校《社会心理学教程》编写组编《社会心理学教程》，兰州大学出版社，1986，第114—115页。

特征的认识，比如身高、体重、年龄、胖瘦等。社会自我，是对自己在社会关系、人际关系中的角色、作用、地位和权利等的认识。随着个体的社会化程度的加深，个体获得了一定的社会经验，逐步意识到自己在社会中要担任一定的角色。比如，在学校是学生，学生的任务就是学习知识、掌握技能，将来走上工作岗位，可能会成为医生，医生的社会职责就是救死扶伤，治病救人；可能会成为教师，教师的社会职责是教书育人，授业解惑。在社会中自己的地位和作用，即社会自我。心理自我，是指对自身心理特征的认识，如气质、性格、兴趣、情感、意志等方面。

（二）现实自我、理想自我

现实自我，是指我实际上是什么样的人。理想自我，是指我想成为什么样的人、我应该成为什么样的人。理想自我其实就是自我的理想形象。例如，我觉得自己是个脾气暴躁的人，我希望自己成为一个脾气温和的人。当然理想自我的确立是要在现实的基础上的，不能脱离现实。在心理健康教育工作中发现，当个体能够正确看待现实我和理想我的差距时，二者的差异可以成为个体努力的动力，而当个体无法正确看待时，则容易引起自我贬低、自暴自弃等不良心理。

（三）主观自我、客观自我

提出者为美国心理学家威廉·詹姆斯（简称詹姆斯）①，他认为自我意识实际上是主观我对客观我的认识。主观自我，是活动或者观察的主体。客观自我，是被观察的对象。主观我与客观我类似于英语语法中的主格和宾格。

① 威廉·詹姆斯（1842 — 1910），美国哲学家、心理学家、教育学家。

三、自我意识的相关理论

(一)弗洛伊德人格结构理论

弗洛伊德认为人格结构可以分为本我,自我,超我。

本我,是人格结构中最原始的部分,构成本我的成分是人类的基本需求,如饥、渴、性三者均属之。本我需求产生时,个体要求立即满足,遵循快乐原则。例如,婴儿每感饥饿时即要求立刻喂奶,决不考虑母亲有无困难。

超我,是人格结构中居于管制地位的最高部分,是由于个体在生活中,接受社会文化道德规范的教养而逐渐形成的,遵循道德原则,什么正确才做什么。

自我,介于本我与超我之间,对本我的冲动与超我的管制具有缓冲与调节的功能。人格结构中的三个层次相互交织,形成一个有机的整体。它们各司其职,分别代表着人格的某一方面:本我,反映人的生物本能,按快乐原则行事,是“原始的人”,从自己的愿望出发,其潜在想法是“我想要”。超我,追求完美,代表了人的社会性,是“道德的人”,是从道德的角度出发,其潜在想法是“我应该”。自我,寻求在环境允许的条件下让本能冲动能够得到满足,是人格的执行者,按现实原则行事,是“现实的人”,自我是本我和超我的协调者,遵循现实原则,其潜在想法是“我能够”。例如,一个小孩子想要吃糖果,可能他不管时间地点就会向大人要,如果不满足就会哭闹,这就是本我在起作用;大一些的孩子,比如中学生,想要吃糖果,他的超我会告诉他,现在正在上课,不能吃。这时他的自我就会告诉他,我可以下课之后去商店买,这样既可以满足自己的愿望(本我),又能够不耽误上课(超我)。这时自我就起到了本我和超我的连接作用。生活中的很多现象可以运用该理论解释。如在疫情期间,某位学生虽然无法到校外自由活动,感觉不便,但为顾全大局,捍卫来之不易的抗疫成果,依然选择严格遵守学校纪律,克服不能外出的困难;临近期末考试学习任务繁重,某位同学虽然非常疲惫,但依然坚持学习,刻苦钻研,最终取得良好成绩等。

(二)周哈里窗理论

周哈里窗理论按照自己知道与否和他人知道与否,将人的自我意识分为开放我、盲目我、隐藏我、未知我四个部分,并指出人对自己的认识是一个不断探索的过程的(见表 3-1)。“开放我”是自己知道,别人也了解的部分。比如,性别、外貌、婚否、职业、工作生活所在地、能力、爱好、特长、成就等。“开放我”是自我最基本的信息,也是了解自我、评价自我的基本依据;“盲目我”是需要通过他人来逐渐认识的。正如大文豪苏轼写道:“不识庐山真面目,只缘身在此山中。”是指自己不知道而别人却知道的部分,“当局者迷旁观者清”。可以是一些很突出的心理特征,比如有人轻易承诺却转眼间忘得干干净净;也可以是不经意的一些小动作或行为习惯,比如一个得意的或者不耐烦的神态和情绪流露,本人不易觉察,别人却能够观察得一清二楚。他人的评价对于个体自我意识的形成起着重要作用,能够帮助个体缩小“盲目我”的区域大小,对自己有更全面的了解;“隐藏我”与“盲目我”正好相反,它是自己了解,但他人不了解的部分。即我们常说的隐私、个人秘密,不愿意或不能让别人知道的事实或心理活动。身份、缺点、往事、疾患、痛苦、窃喜、愧疚、尴尬、欲望、意念等,都可能成为“隐藏我”的内容。“未知我”是自己和别人都不知道的部分,通常是指一些潜在能力或特性,比如一个人经过训练或学习后,可能获得的知识与技能,或者在特定的机会里展示出来的才干,也包含弗洛伊德提出的潜意识,能够广泛影响个体的行为,却仿佛隐藏在海水下的冰山,力量巨大却又容易被忽视。每个人的自我都是由这四部分构成,但每个人四部分的比例是不同的;而且,随着人的成长和生活经历,自我的四个部分会发生变化。个体幼年期,公开区是比较大的,几乎没有什么隐藏区。慢慢长大了,开始有自己的心思,比如暗恋某个异性,这个就是隐藏我,这些秘密可能连父母或者好友都不知道。大学生通常热衷于自我探索,在这个过程中,盲目的我和未知的我会不断变丰富,自我认知会不断深化。而随着年龄增长,大学生更倾向于将秘密埋在心底,秘密的我范围有所扩大,而公开的我范围相对缩小。

表 3-1　窗口理论

	自知	自不知
他知	A. 公开的我	B. 盲目的我
他不知	C. 秘密的我	D. 未知的我

(三)心理发展阶段理论

心理发展阶段理论是由美国心理学家埃里克森提出的。他认为人的一生可以分为既是连续又是各不相同的八个阶段,这八个阶段是以不变的顺序发展的,每一个阶段都有其特定的发展任务;在每一个心理社会发展阶段中,解决了核心问题之后所产生的人格特质,都包括了积极与消极两方面的品质,如果阶段任务能够顺利完成,则个体会形成积极品质,逐渐形成健全的人格和完善的自我,否则就会产生心理社会危机,出现情绪障碍,自我发展也受到影响。比如婴儿前期,这一阶段的主要发展任务是获得信任感,克服恐惧感,当孩子哭或饿时,父母及时出现并满足孩子的需要就会使孩子建立起信任感,反之,如果父母任由孩子哭闹不予理睬就会导致孩子的不安全感。这一阶段若发展顺利则会在以后的生活中表现出有安全感,若不顺利,则会出现交往焦虑。而青少年时期主要发展任务是形成角色的统一性,防止角色混乱。一方面青少年自我意识增强,自我探索欲望增强;另一方面更重要的是青少年面临新的社会要求和冲突而感到困扰和混乱。于大学生而言,自我发展的重要课题是需要做到明辨,在纷繁复杂的信息中建立自己的价值体系,清晰地认知自己。个体一生发展是循序渐进的发展过程,先前的各阶段发展得好与不好,会影响以后的发展阶段。若大学生无法顺利完成此阶段的任务,则会造成自我同一性混乱,表现出迷茫、困惑、无法正确自我定位等问题,在一定程度上影响亲密关系建立等阶段任务。如某学生存在感情困惑,在感情中屡屡受挫,其根本原因就在于不知道自己适合什么样的异性,在没有确定自己心意时就匆忙走入一段感情,造成彼此的困扰。

(四)库里的镜中我理论

查尔斯·霍顿·库里[①]是美国早期著名的社会学家和社会心理学家,镜中我理论认为自我认识主要是通过与他人的社会互动形成的,他人对自己的评价、态度等,是反映自我的一面"镜子",个人通过这面"镜子"认识和把握自己。一个人自我的形成来自两个方面,自我评价和他人评价,年龄小的个体自我意识尚处于发展阶段,对自己的认识能力较弱,所以年龄越小,越容易受到他人评价的影响。在个体成长过程中,需要不断平衡自我评价和他人评价的关系。

四、自我意识形成的影响因素

(一)社会文化环境

人具有社会属性,其人格发展及自我意识形成难免受到社会文化影响。随着时代发展,互联网普及,了解国内外不同地区文化更为便捷。传统文化和现代文化继承与更新、西方文明和中华传统碰撞与交融,使得大学生在成长过程中能够拓宽视野,也更容易出现心理冲突,表现为大学生

① 查尔斯·霍顿·库里(1864 — 1929),美国社会学家、社会心理学家

自我意识的矛盾性；改革开放以来，社会变化加剧，大学生在拥有更大自由、更广阔发展空间的同时，也带来了更大的不安全感和不稳定性，大学生面临着较大的升学就业压力。这导致大学生在自我同一性确立过程中更容易出现自我怀疑、自我否定，更容易出现自我认知和个人目标的迷失。

（二）早期生活经历

早期生活经历主要包括家庭教养方式、学校教育影响和重要生活事件等。原生家庭会影响个体一生的心理发展，父母的教育理念、教育方式对一个人的影响深远而又重大。目前大学生多为“00后”，从小在父母家人的关心爱护下成长，没有经历过太多挫折，加上很多大学生为独生子女，这就容易导致大学生出现“自我中心”的倾向，表现为在人际交往中，更多地考虑自己的想法和感受，而无法对他人感同身受，缺少同理心。部分家长对孩子寄予较大期望，在孩子成长过程中，对其要求较为严厉，且对于孩子的想法未加以充分倾听和理解，导致个体出现忽视自身心理需求，且无法正确表达的现象，在遇到挫折时，自信心不足，容易产生无助无望的消极心态；除家庭外，学校的教育理念及教育环境也会对个体自我意识形成产生重要影响，师生关系、个体被接纳和认同很大限度上影响了个人的自尊、自信。有些学校单纯以学生成绩作为评价标准，对学生心理发展关注不够，甚至当成绩不好时，往往遭遇来自教师或同学的区别对待，容易造成个体无法正确客观地看待自己。此外，获得重大奖励、遭遇校园欺凌等个体生活中积极或消极的重要生活事件也影响着个体的自我意识发展。在学校心理咨询及心理访谈工作中发现，重大奖励或者老师同学的鼓励话语会对个体产生积极影响，表现为能够充分认识自己，更容易树立自信等；而校园欺凌或者童年创伤，则会对个体的心理造成伤害，更容易出现自我迷失或者自暴自弃等不良心理。

（三）重要他人评价

重要他人是指在个体社会化以及心理人格形成的过程中具有重要影响的人，比如父母、老师、恋人朋友等。因重要他人往往和个体有着较强的情感连接，其态度往往也更容易引发个体心理波动。个体在成长过程中，如果重要他人的评价大多是积极的，个体更多地被称赞、被理解、被关心、受重视，那么个体就容易形成积极的自我形象；反之，如果重要他人的评价大多是消极的，个体被忽略、被羞辱、被否定、被责骂，那么个体则会容易形成消极的自我形象。在心理咨询过程中发现，有严重自卑心理的学生往往与其父母或者家人的不接纳、习惯性的指责批评相关联，导致个体形成了惯性思维，总是习惯性地自我否定，关注自身不足，忽略自己的长处，渐渐形成了自卑心理。

（四）自我认知特点

个体的心理发展往往是外界环境和内在心理相互作用的结果。同样的境遇，不同心理特点的个体往往也会有不同的反应，如同样是来自他人的负面评价，有的人会不屑一顾、云淡风轻，有的人则会记挂于心、郁郁寡欢。个体的心理韧性不同、归因方式不同，对外界评价的态度即不同。归因是指个人从主观的感受与经验出发，将别人或自己所表现的行为或某事件的发生归属于某种原因的过程。当遭遇挫折时，把失败归结为自己本身的能力问题，就容易降低自我评价，导致自卑等不良心理出现。心理韧性较强的个体在遇到困难时，往往会有较为积极的态度和行为，消极情绪较少，更容易解决问题，也不会过多自我否定；而心理韧性较差的个体，更容易出现无助、自怨自艾的悲观心态，不易于问题解决，容易导致自信心水平下降。

综上所述，大学生自我意识的影响因素有内因也有外因，是多层次、多角度、多变化的。自我意识形成一方面来自自我评价，一方面来自外界评价。如果个体只看重自我评价，忽视外界的评价，则可能会陷入自我中心，自以为是的困境中；而过分在乎别人的评价，可能会造成自我的迷失。“一千个观众眼中有一千个哈姆雷特”，将自我评价与外界评价平衡起来，才能够塑造健康的自我意识。

五、大学生自我意识特点

（一）自我认知的矛盾性

矛盾性突出表现为理想我与现实我的矛盾以及独立性与依赖性的矛盾。大学生成就动机较强，往往对未来有着较高的期待和强烈的憧憬，在心中会刻画理想我，畅想未来自己的生活、学业、工作、感情等，并倾向于时刻将理想我与现实我进行比对，查找不足，完善自我。但其自我调控能力有限，心理尚未完全成熟，所以理想我与现实我有一定差距，部分学生无法正确看待理想我和现实我的差异，容易产生抑郁、沮丧等不良情绪；与此同时，大部分学生进入大学后，转变了生活方式，没有了高中繁重的课业压力，父母的严格管教也有所放松，他们开始学着自己照顾并管理自己的生活，独立性较强。但是在生活技能与生活阅历上，大部分大学生还是不够成熟，所以还是不得不在一定程度上听取父母老师的建议，存在一定的依赖性，即表现为独立性与依赖性的冲突。

（二）自我体验的深刻性

大学生自我认识水平进一步发展，生活空间拓展，接收信息增多，这使得他们能够从不同层面深入思考，认识内容逐渐丰富和深刻。除了关注自己的外在，也开始注重对人性、责任、价值等方面的思考，逐渐开始聚焦

“做什么样的人”“将来做成什么事”等一些问题，并尝试从不同角度看待自己，评价标准趋于多元化。这是自我同一性发展的必然阶段，唯有不断深入自我反思，才能逐渐深化自我认知，形成更加完善的自我意识。这就导致大学生更加关注他人对自己的评价，在乎自己的社会形象。对于他人积极或消极的评价往往会产生较为强烈的情绪波动，表现为自我体验丰富而多变。

（三）自我控制的表面化

大学生往往会为自己树立各种各样的目标，学业方面、情感方面、外形方面等，开始设定行动计划并能够不随外界变化而改变计划，也会为实现这些目标而付出努力，但也表现出从众意识较强，对自我不能准确定位、合理规划的现象。目标的设立往往不是立足于现实我而产生的，也并不清楚是否真正想达到的，这就导致在实现目标的过程中，容易出现动力不足，而导致自我调控力度不够的现象。

六、常见的自我意识偏差

自我意识偏差是指对个体心理和行为产生消极影响的自我意识问题。自我意识偏差主要表现为自我认知出现偏颇、产生不满的自我体验、从而导致自我调控上的被动。

（一）自卑

基于不同视角，不同学者专家对于“自卑”的理解观点各不相同。奥地利精神学家阿弗雷德·阿德勒在《自卑与超越》一书中表示：发生问题的时候，个体面对问题无所适从、找不到解决问题的方法，在其自己的观念中同样认为自己没有能力可以解决问题，于是个体的行为、思想方式就表明了其自卑感的体现。[①] 林崇德在《心理学大词典》中提到自卑感是个体在感受到自我缺陷、无能、卑微而产生自己比不上他人的自我不认同感。[②] 综合来看,我们可以将自卑理解为个体在社会比较过程中由于不能正确全面看待自己所形成消极自我评价,并在此基础上产生的自我否定的态度及自我贬低的倾向。

阿德勒所提出的个体心理学对于自卑有较为深入的研究,该理论认为人类普遍存在自卑感,只是自卑的程度、内容不同。每个人都会自卑,无论他多么优秀。阿德勒认为自卑是天生的,因为我们生下来是弱小无力的,完全依赖成人,由此产生自卑。但是,正是自卑促使人们去努力,追求成功,成为人格发展的动力。正是因为自卑,才会得以超越。所以,在阿德勒看来,适度的自卑感可以促使人们通过比较发现自身的不足,不断发展自我、完善自我、成就自我;但是过度的自卑会引发心理困扰,产生消极情绪。

自卑在大学生群体中是较为常见的一种心理现象,大部分人在不同时期、不同情况下、不同程度上都产生过自卑的体验。自卑的人往往自我评价不客观,只看到自己的缺点而忽略自己的长处,不能容忍自己的缺点和不足,自我评价持续过低。自我体验比较消极,否定、抱怨、指责自己,看不到自己的价值,感到自己什么都不如他人,处处低人一等,丧失信心。存在自卑心理的个体大多数性格较为内向,且习惯于自我审视、自我反省,内心细腻敏感,他人无意的话语或表情都会引发其情绪的波动。在行为层面则表现为退缩逃避,被动消极。在为人处世方面,因自卑经常怀疑自己的决定,也较难付诸行动。因害怕别人看到自己的缺点和不足,在人际交往中通常将自己保护起来,显得孤僻离群。

① 阿弗雷德·阿德勒:《自卑与超越》,李青霞译,沈阳出版社,2012,第12页。

② 林崇德、杨治良、黄希庭主编《心理学大辞典》下,上海教育出版社,2003,第1756页。

（二）自负

自负是个体在社会比较过程中，由于认知歪曲所形成的对自我价值的过高评价，由此产生过度自我接受的态度及与之相应的自以为是、骄傲自大的情感体验。自负的人“看自己，一朵花，看别人，豆腐渣”，在与人交往时，通常自以为是，往往不容别人的批评和建议，唯我独尊。他们无法真诚地与人交往，其人际交往模式是“我好，你不好”“我行，你不行”，表现为将自己的意志强加在别人身上，不能与人和睦相处。

（三）完美主义

完美主义与强迫症类似，是一种追求极度完美、毫无瑕疵的倾向。完美主义者具有一种较为强烈的心理惯性，习惯于关注身边人与事物的不完美细节，并努力去改善，尽量使其完美，乐此不疲。由于这种求好心态，所以完美主义者对所制订的计划都有早日完成的愿望，而当愿望受到现实因素影响无法实现时，就容易产生焦虑、愤怒的不良情绪。完美主义可表现为不同类别，部分个体的完美主义倾向指向自己，希望自己变成一个完美无缺的人，生活得严谨且刻板，情绪情感较为克制；部分个体的完美主义倾向指向他人，表现为在人际交往中对他人批评指责多，不允许别人犯错误，总是对别人吹毛求疵，习惯于看到他人的不足，而往往忽略对方的优点，导致人际关系紧张。受完美主义影响的大学生因已习惯这种心理行为模式，往往不易自己察觉，在心理教育和咨询过程中，要帮助大学生以他人视角看待自己的完美主义倾向，避免对自己和他人过分苛责。

七、大学生自我意识完善

自我意识的形成，自我认知是关键，认知影响情绪，情绪调控行为，反过来行为和情绪表现又会影响自我认知，所以在认知层面上做到正确认识自我，对于自我意识完善至关重要。

(一)客观评价自我

大学生应学会多角度认识自己。综合自我评价和他人评价，以免造成认知偏差。认识到每个人都不是完美的，都有优缺点，避免用放大镜看自己的短处，用显微镜看自己的长处。同时，应引导大学生善于纠正常见的自我知觉偏差。常见的自我知觉偏差表现为：1. 以偏概全。一次考试失败，就认为自己不是读书的料。这种极端思维容易使人陷入消极的情绪中不能自拔。2. 注意偏差。在知觉过程中只注意消极或积极的信息。比如因为胖而自卑的女孩，可能对别人挑剔的目光非常敏感，但是却对赞赏的目光非常地麻木。3. 武断推论。即没有充分的依据，凭想当然下结论，有些类似于偏执。如一位同学不小心打破了水壶，就针对自己，觉得一定是自己哪方面做得不好等。

(二)全面进行比较

自卑与自负等常见的自我意识偏差都是经过与他人进行不恰当的社会比较引起的。人是社会性动物，在为人处世过程中，社会比较不可避免，这也是个体确定自我形象，正确自我认知的重要途径。社会心理学家里昂・费斯汀格[①]曾提出社会比较理论，该理论认为个体有自我了解的需要，而社会比较是满足此类需要的重要途径。社会比较分为向上比较和向下比较，向上比较是指与比自己好的人相比，这时个体看到的更多的是自己的不足，会产生挫败、不知足等心理，可有效激发自我完善的动机。向下比较是指与比自己不好的人相比，个体更多地看到的是自身的优势，也有效增强自信心。而自卑的人往往是习惯于向上比较，自负的人往往习惯于

① 里昂・费斯汀格(1919 — 1989)，美国社会心理学家。

向下比较，造成自我意识的偏差。

（三）正确对待他人评价

“以人为鉴，可以明得失。”他人评价与反馈是个体自我意识形成的重要途径，形成良好的自我意识，必须兼顾自我认知和他人评价，不可只偏重一边。

（四）理性看待挫折

人失败多了，往往都会怀疑自己的能力，而成功的经历多了则面对挑战就会越来越有干劲。不同的人面对挫折的态度不尽相同。有的人面对挫折会畏惧、焦虑、消极，而有的人会将挫折看成是一次成长的机会，后者会更加有自信。

（五）积极自我暗示

有些缺乏自信的人在任何活动之前通常会有一种“我很难成功”的想法，这通常会导致他行动失败，而行动的失败则会反过来加强他的这种想法，更加削弱其自信心。

此外，在情绪方面，需做到积极悦纳自我。在接受自己优点的同时，也了解自己的缺点，很坦然地承认了自己的不足之处；行为方面，要有效调控自我，设立合理目标，不断克服缺点，注意自我形象塑造，不断完善自己。

八、自我效能感

自我效能感是自我意识研究中的重要概念。美国著名心理学家阿尔伯特·班杜拉（后文简称班杜拉）[①]于 20 世纪 70 年代在其著作《思想和行

① 阿尔伯特·班杜拉（1925 — 2021），美国心理学家。

为的社会基础》中提出这一概念。从20世纪80年代中期开始,自我效能感理论得到了丰富和发展,也得到了大量实证研究的支持。自我效能感是指个体对自己是否有能力完成某一行为所进行的评估与判断,它是个体对自己能力的一种主观感受和评估,而并非能力本身。具体来说,它是指个体在对特定情境中是否有能力完成某种任务的行为预期或主观感受。[①]自我效能感影响人们的认知方式和情绪行为。自我效能感低的人在遇到问题时,会过多想到个人不足,并习惯于夸大困难,存在较强的畏难心理,使其将更多注意力转向可能的失败和不利的后果,出现消极悲观的情绪反应、消极颓废的行为反应。而自我效能感高的人将注意力和努力集中于情境的要求上,思考如何有效地运用其能力实现目标,在困难面前展现出较强的心理韧性。关于自我效能的研究存在两种倾向:特质取向和非特质取向。班杜拉是非特质取向支持者,他认为,由于不同活动领域之间的差异性,所需要的能力、技能是有区别的。不同领域的个体自我效能感有所差异。也有部分学者认为自我效能感是跨情境的,具有特质性,不以具体情境为转移。

因自我效能感与各种心理特质连接紧密,且广泛影响人们生活,所以一直是心理学研究热点。大多数研究集中于探索不同心理变量与自我效能感的关系。通常认为提高自我效能感,能够有效提高个体的学习工作动机、增强其心理韧性,更有利于个体身心良好发展。一般认为提高自我效能感可从三个方面入手:一是,合理进行归因。伯纳德·维纳[②]将人们的归因方式分为内因、外因、可控、不可控几种。如果一个人取得了成功,将其归结为运气(运气是外在的,不可控的),而不是自己的能力,则不利于增强自信;若一个人经历了失败,将原因归因于自己的能力,则会降低自

① 沈德立主编《大学生心理健康》,教育部思想政治工作司组编,高等教育出版社,2013,第102页。

② 伯纳德·维纳(1935—),美国认知心理学家。

信，而如果归因于自己的勤奋程度和方式方法，就会做适当调整，下次迎接挑战的时候依然自信满满。二是，进行合理的社会比较。美国的心理学家做过一个实验，这是一个前测后测实验。他们请希望在一家商行任职的一些求职者独立地对自己的几项个人品质作出评价，然后接待室里又出现了假装谋求同一职位的人。第一位是一个衣着讲究、自信、温文尔雅、手提皮包的人（干净先生）；第二位是一个落魄（身穿脏衬衫，赤脚穿便鞋）的人（肮脏先生）。在这以后找借口让求职者重新填写之前填写过的那份自我评价表，结果遇到"干净先生"后他们的自我评价降低了，而遇到"肮脏先生"后，他们的自我评价提高了。三是，分解目标。通常个体在学习生活中会有需要和期待，随之而来的就是为满足需要而设立的各种目标。当目标过高时，不具有操作性，且实现起来较为困难，在努力过程中遇到挫折就容易退缩，而将目标细化，分解为若干个更好实现、易于操作的小目标时，更有利于任务完成，且在此过程中，能够不断增强自我效能感和成就感。

第二节　实践活动

一、团体心理辅导——"悦纳自我"团体心理辅导方案

团体名称：悦纳自我训练团体。

计划依据：此次团体辅导共分为 8 次，每次大约 120 分钟。

团体目标：协助成员认识自我、接纳自我，增强成功的自我认同。

理论架构：乔韩窗口理论认为人的自我可以划分为四个领域：公开的领域、盲目的领域、隐秘的领域、未知的领域。每个领域会随个体阅历增

加、时间变化而发生动态变化。

参加对象：各年级学生均可，建议8—12人为宜。

团体领导者：专兼职心理健康教师。

团体性质：本团体系志愿性（自由报名）、封闭性（全程参与）、结构性（领导者带领）的成长团体。

团体规范：

1. 按时参加团体所有活动，积极投入。

2. 认真参加团体活动，遵守团体规范，不吃零食、不喝饮料。

3. 在团体活动中不私下聊天、接打电话。

4. 团体活动中认真听取领导者的引导，积极配合，与各位同学团结协作。

5. 善于倾听，乐于分享。

6. 尊重他人，不取笑别人，不会将自己的观点强加于人。

7. 保密，不将团体中的事向别人说。

团体计划书：见表3-2。

表3-2 “悦纳自我”团体心理计划书

阶段	阶段目标	活动次数	活动名称	活动目标	活动内容
安全阶段	1. 成员相互认识。 2. 明确团体性质、目的、团体规范。 3. 建立安全、友善、信任的团体气氛。	1	相见欢	1. 激发个人对他人的兴趣。 2. 引导个人参与团体活动。 3. 增进成员的安全感及信任感。 4. 初步进行自我探索。	1. 领导者介绍自己及团体的目的。 2. 成员制订团体规则。 3. 刮大风。 4. 自我探索练习。

续表

阶段	阶段目标	活动次数	活动名称	活动目标	活动内容
接纳阶段	1. 协助成员开放自我。 2. 促进团员进一步认识。 3. 促进团员自我探索。	2	关于价值观	1. 让成员有机会在价值观方面去分析自我、讨论自我,以及发现自我。 2. 发觉表象自我及真实自我的差距。 3. 更进一步地自我了解。	1. “言行不一”活动。 2. 生命中重要五样的排序。
责任阶段	1. 自我评估。 2. 认识自己的行为主权。 3. 使成员能肯定自己、接纳自己。	3	自评与他评	1. 促进对自我认识的思考。 2. 从别人的反馈中了解自己。 3. 认识到自我评价与他人评价的差异。	1. 对自己外貌、性格方面进行评价。 2. 两人或三人一小组,对彼此外貌性格做评价。 3. 总结对比。
		4	我是谁	1. 激发成员探索自己的潜意识。 2. 加深对自我的思考。	1. 自画像。 2. 完成句子实验(20个我是谁)。
工作阶段	1. 协助成员建立客观的自我影像。 2. 引发成员彼此真实的回馈。 3. 让成员自我检视、自我修正。 4. 建立成员的自信心与健康的自我概念。	5	生命中的重要他人	1. 让成员了解自己性格形成的原因。 2. 使成员明白自己生命中重要他人对自己的影响。 3. 客观认识自己及他人。	1. 松鼠和大树。 2. 谁塑造了我(又名我的重要他人)。
		6	我的秘密	1. 促使成员转换角度看待自己。 2. 清理团员自身的未完成事件。	1. 幻想娃娃。 2. 我的秘密。
		7	自我接纳练习	1. 增进成员的人际关系。 2. 帮助成员形成自我接纳的概念。	1. 击鼓传花。 2. 写给自己的信。

续表

阶段	阶段目标	活动次数	活动名称	活动目标	活动内容
结束阶段	1. 看到改变。 2. 发现别人的优点。 3. 树立信心。 4. 圆满地结束团体。	8	优点轰炸	1. 学习发现别人的优点。 2. 让成员更有信心地走出团体并迎向未来。	1. 优点轰炸。 2. 分享自己的成长与收获。 3. 相互祝福并道别。

1. 悦纳自我团体之单元计划一

(1)单元主题:相见欢。

(2)活动时间:预计2小时。

(3)单元目标:团体形成;成员相互认识,建立互动关系;澄清团体目标及成员参加动机;建立团体规范。

(4)单元计划书:见表3-3。

表3-3 “相见欢”团体心理辅导计划书

活动阶段	活动目的及内容	时间	准备工具
开场	1. 活动目的 介绍本次团体辅导的目的、意义、大概内容以及总体安排。 2. 活动内容 ①开场白,领导者的自我介绍,再次介绍团体的性质,可能涉及的内容及关于主题的解释。 ②团员自我介绍,为自己取代号(姓名、班级、血型、星座、个性……),方便真诚交流。 ③团体规则(打印出来,成员签名)。	20分钟	纸、笔

续表

活动阶段	活动目的及内容	时间	准备工具
暖身	1. 活动目的 团体成员彼此相识,建立活动关系。 2. 活动内容 刮大风。具体操作为:团体成员围坐成一圈。选择部分团体成员的某种共同特征,具有共同特征的同学在听到口令时,互换位置。如:"大风吹,刮到戴眼镜的同学;大风又吹,刮到短头发的同学"等。具有这些特征的人就必须立刻离开自己的位子,重新寻找空位子坐下。	20分钟	椅子
主体	1. 活动目的 促进团体成员相知、相惜,为本单元团体辅导主体活动。 2. 活动内容 自我探索练习,成员间彼此分享。具体问题示例如下: ①你是…… ②最欣赏自己的 2—3 项品质 ③童年最开心的经历…… ④如果你的生命只剩下 10 个小时,你准备做什么…… ⑤200 年后,你希望别人怎么评价你…… ⑥如果当下是一个礼物,你最想送给自己的一句话是什么……	70分钟	表格
反馈	1. 活动目的 分享与回馈。 2. 活动内容 总结此次内容,并提前告知下次内容。	10分钟	无

2. 悦纳自我团体之单元计划二

(1)单元主题:价值观。

(2)活动时间:预计 2 小时。

(3)单元目标:建立互动关系;讨论价值观;增强成员团体意识。

(4)单元计划书:见表 3-4。

表 3-4 “价值观”团体心理辅导计划书

活动阶段	活动目的及内容	时间	准备工具
暖身	1. 活动目的 活跃团体氛围,帮助成员快速融入团体;通过活动过程中的成功或失败,引导成员思考。 2. 活动内容 言行不一。具体操作方式为:领导者发令,如“起立”“坐下”,要求学生做出与口令相反的动作。如听到“坐下”,则应该起立,如学生本来为站立状态,则应该站着不动。当团体成员熟悉活动规则,可以升级活动难度,加快发口令速度或者增加口令难度,如“用左手摸右耳”“举右手抬左脚”等。	20分钟	无
主体	1. 活动目的 帮助团体成员澄清价值观念。 2. 活动内容 生命中的重要五样。具体操作方式为:准备一张白纸,抬头写上“某某某的五样”(某某某是名字)。然后在白纸上列出生命中最重要的五样东西。完成后要求成员一项一项删除。活动结束后,请成员依次分享,重要五样的内容、删除顺序的决定过程及感受。	80分钟	纸、笔
反馈	1. 活动目的 分享与回馈。 2. 活动内容 填写反馈表、说明时间安排;总结此次内容,预先通知下次的主题。	20分钟	无

3. 悦纳自我团体之单元计划三

(1)单元主题:关于“我”的自评与他评。

(2)活动时间:预计 2 小时。

(3)单元目标:促进团员对自身的思考;使团员发现自我评价与他人评价之间的差异;增进团员间的亲密感。

(4)单元计划书:见表 3-5。

表 3-5 “关于‘我’的自评与他评”团体心理辅导计划书

活动阶段	活动目的及内容	时间	准备工具
暖身	1. 活动目的 活跃团体氛围,熟悉彼此昵称,帮助成员快速融入团体。 2. 活动内容 萝卜蹲。团体成员围成一圈,领导者指定一个人开头,做出下蹲动作,并配合言语“小 A 蹲,小 A 蹲,小 A 蹲完小 B 蹲”,被点到的同学必须马上做出相应动作并配合言语。以此类推,逐渐加快速度,反应慢的或者出错的同学要表演节目。	20 分钟	无
主体	1. 活动目的 了解自评与他评的差别。 2. 活动内容 两人一组。写下对自己及搭档性格、外貌的评价;或搭档给你的感觉。彼此分享。 倾诉现阶段的烦恼,了解自己与他人的现实状态,彼此出谋划策。	80 分钟	纸、笔
反馈	1. 活动目的 分享与回馈。 2. 活动内容 总结此次内容、预先通知下次的主题。	20 分钟	无

4. 悦纳自我团体之单元计划四

(1)单元主题:我是谁。

(2)活动时间:预计 2 小时。

(3)单元目标:帮助成员明确现在的我是由多种因素共同塑造的;使成员在更多的方面发现自己。

(4)单元计划书:见表 3-6。

表 3-6 “我是谁”团体心理辅导计划书

活动阶段	活动目的及内容	时间	准备工具
暖身	1. 活动目的 活跃团体氛围，引导成员自我观察思考。 2. 活动内容 我的自画像。为每一成员预备一张图画纸以及颜色齐全的水彩笔，然后请成员在自己的画纸上，画出自己。画的内容可以是任何事物，具体的、抽象的、动物、植物、世间万物……并彼此分享图画的寓意。	20 分钟	图画纸、水彩笔
主体	1. 活动目的 活跃团体氛围，明确现在的我是如何形成的。 2. 活动内容 完成句子实验，以 20 个我是……开头，内容不受限制。并通过活动分享彼此的经历，促进团员对自己的认识。 分享一段经典的话：你究竟愿意做一个好人，还是一个完整的人？每个人都是不完美的，每个人身上都有自己不愿意触碰的一面——阴暗面，亲人朋友不愿意接受，连我们自己也无法面对。于是，我们不惜代价、竭力伪装成人人喜欢的好人，活得很累。事实上，我们的每个缺点背后都隐藏着优点，每个阴暗面都对应着一个生命礼物：好出风头只是自信过度的表现；邋遢说明你内心自由；胆小能让你躲过飞来横祸；泼妇在有些场合是解决问题的最好方式……阴暗面也是生命的一部分，只有真心拥抱它，我们才能够活出完整的生命。请团体成员分享彼此观点看法。	80 分钟	纸、笔
反馈	1. 活动目的 分享与回馈。 2. 活动内容 围绕问题“从活动中，对自我及团体的感受如何？”引导成员讨论，并约定下次的时间，预知下次的内容。	20 分钟	无

5. 悦纳自我团体之单元计划五

(1)单元主题：生命中的重要他人。

(2)活动时间：预计 2 小时。

(3)单元目标：让成员了解自己性格形成的原因；使成员明白自己生命中重要他人对自己的影响；客观认识自己及他人。

(4)单元计划书:见表3-7。

表3-7 “生命中的重要他人”团体心理辅导计划书

活动阶段	活动目的及内容	时间	准备工具
暖身	1. 活动目的 活跃团体氛围,认识到人与人之间联结的紧密性。 2. 活动内容 三人小组,两个面对面拉起手,作一棵大树,一个钻入其中作松鼠,并有1至3个游离分子,既不是大树也不是松鼠。指导者下口令:“松鼠”,大树不动,所有的松鼠换大树。下口令“大树”,所有的松鼠不动,大树换松鼠。下口令“地震”,全部重新组合,两人作大树,一人作松鼠。	30分钟	无
主体	1. 活动目的 认识到重要他人对自己的重要影响。 2. 活动内容 谁塑造了我。请团体成员分享彼此生命中的重要他人,以及他们对自己的影响。	80分钟	纸、笔
反馈	1. 活动目的 分享与回馈。 2. 活动内容 填写反馈表,总结此次内容,使团体成员认识到,现在的自己,不是一朝一夕形成的,受很多因素影响,要在接纳的基础上尝试改变,并预先通知下次主题。	10分钟	无

6. 悦纳自我团体之单元计划六

(1)单元主题:我的秘密。

(2)活动时间:预计2小时。

(3)单元目标:促使成员转换角度看待自己;清理团员自身的未完成事件。

(4)单元计划书:见表3-8。

表 3-8 “我的秘密”团体心理辅导计划书

活动阶段	活动目的及内容	时间	准备工具
暖身	1. 活动目的 活跃团体氛围,引发成员思考。 2. 活动内容 幻想娃娃。具体操作方法为:在黑板上画上一个小娃娃,告知团体成员,这个娃娃是你的好朋友,写下你所欣赏的他/她身上的优点,你所能够接纳的他/她身上的缺点。这个好朋友可以是现实存在的,也可以是自己幻想的。	30 分钟	无
主体	1. 活动目的 引导成员倾诉心底秘密,加深彼此认识了解。 2. 活动内容 我的秘密。具体操作方法为:每个人一张纸,在纸上写下自己的秘密,不写姓名,写完后由领导者收齐,打乱顺序,随机抽取为大家念出来,彼此分享听过的感受并给以一定的建议。	80 分钟	纸、笔
反馈	1. 活动目的 分享与回馈。 2. 活动内容 说明时间安排;总结此次内容、预先通知下次的主题。	10 分钟	无

7. 悦纳自我团体之单元计划七

(1)单元主题:自我接纳。

(2)活动时间:预计 2 小时。

(3)单元目标:增进成员的人际关系;促使成员形成自我接纳的概念。

(4)单元计划书:见表 3-9。

表 3-9　“自我接纳”团体心理辅导计划书

活动阶段	活动目的及内容	时间	准备工具
暖身	1. 活动目的 活跃团体氛围，调动积极性。 2. 活动内容 击鼓传花。具体操作为：领导者背对团体成员敲鼓，此过程中团体成员传递花朵或其他物品，当鼓点停止的时候，被选中的那个同学要接受其他团员的提问，并真实回答。	30 分钟	无
主体	1. 活动目的 引导成员自我接纳。 2. 活动内容 写给自己的信。具体操作为：以“亲爱的自己，我想对你说……”为开头，内容不限。所给时间会稍微长一些。鼓励团员真诚地面对自己，客观地对待自己，明晰自己的态度、感受。彼此分享、讨论。	80 分钟	纸、笔
反馈	1. 活动目的 分享与回馈。 2. 活动内容 说明时间安排、告知下次即将为团体的最后一次。便于大家有心理准备。总结此次内容、预先通知下次的主题。	10 分钟	无

8. 悦纳自我团体之单元计划八

（1）单元主题：优点轰炸。

（2）活动时间：预计 2 小时。

（3）单元目标：学习发现别人的优点；了解自己身上的优点，提高团员的自我认同；让成员更有信心地走出团体并迎向未来。

（4）单元计划书：见表 3-10。

表 3-10 “优点轰炸”团体心理辅导计划书

活动阶段	活动目的及内容	时间	准备工具
暖身	1. 活动目的 活跃团体氛围,帮助团体成员树立自信。 2. 活动内容 优点轰炸。具体操作为:请一位同学坐或站在团体中央,其他人轮流说出他的优点及欣赏之处,如性格、相貌、处事等。然后被称赞的成员说出哪些优点是自己以前察觉的,哪些是不知道的。	40分钟	无
主体	1. 活动目的 总结回顾,加深理解。 2. 活动内容 分享彼此的收获与成长。	30分钟	无
反馈	1. 活动目的 分享与回馈。 2. 活动内容 相互祝福、留言、并道别,请团员对团体做评价。	30分钟	无

二、主题班会

(一)方案

1. 主题:认识自我,树立自信。

2. 适用人群:适用于所有年级。

3. 地点:室内。

4. 形式:谈论、分享。

5. 目的:引导学生自我观察,自我剖析,理性看待自己的优点和不足,促进自我成长和发展。

6. 过程：

（1）小组活动：自我提问，描绘现实自我。

①“我能做什么？”请至少列出 5 个选择。

②“我应该做什么？”请至少列出 3 个选择。

③“我喜欢做什么？”请至少列出 3 个选择。

④“我擅长做什么？”请至少列出 1 个选择。

⑤“我适合做什么？”请至少列出 5 个选择。

⑥“我讨厌做什么？”请至少列出 5 个选择。

⑦“我不在乎什么？”请至少列出 5 个选择。

⑧“我最关注什么？”请至少列出 5 个选择。

⑨“我最害怕什么？”请至少列出 3 个选择。[①]

通过活动，引导学生多角度评价自我、认识自我。

（2）小组活动：完成句子，探寻理想自我。

①如果我是一种动物，我希望是______，因为____________。

②如果我是一种花，我希望是______，因为____________。

③如果我是一棵树，我希望是______，因为____________。

④如果我是一种食物，我希望是______，因为____________。

⑤如果我是一种交通工具，我希望是______，因为__________。

⑥如果我是一部电影，我希望是______，因为____________。

⑦如果我是一种乐器，我希望是______，因为____________。

⑧如果我是一种颜色，我希望是______，因为____________。[②]

通过活动，使学生认识到理想我，明确每个人都会存在理想我和现实我，要正确看待二者之间的差异。

---

① 樊富珉、费俊峰主编《国际精品视频公开课教材 · 大学生心理健康教育通识课教材　大学生心理健康十六讲》，高等教育出版社，2013，第 50 页。

② 樊富珉、费俊峰主编《国际精品视频公开课教材 · 大学生心理健康教育通识课教材　大学生心理健康十六讲》，高等教育出版社，2013，第 64—65 页。

(3)案例分析

列举大学生群体常见的有关于自我发展的心理困惑,请学生一同为其寻找解决问题的对策。

宋某某是一名大二学生,学习上非常努力,成绩也相当不错。性格较为内向,不善交际。最近恰逢社团活动月,班级心理委员反映他参加班级和社团活动积极性不高,且宿舍同学反映其总是愁眉苦脸,情绪低落。经过了解后发现,宋某某内心非常想参加社团活动,但社团纳新一般都需要面试环节,想到要参加面试就非常紧张,因为从大一开始,宋某某就非常害怕在众人面前讲话,终于某一次鼓起勇气参加了干部竞选,还以非常低的票数落选,这件事情为本来就不自信的他增添了很重的心理负担,变得越来越不自信,总觉得自己能力很差劲,也越来越不愿参加集体活动,甚至上课的讨论发言都不愿意参加,久而久之,宋某某越来越孤僻离群,无法融入人际环境,陷入恶性循环。

案例中的宋某某被自卑所困扰,主要原因就是没有客观全面地看待自己,只看到自己的不足,没有看到自己的长处,无法悦纳自己。树立自信,个体总要经历一个心灵成长过程,即认识自我—悦纳自我—改变自我,自我接纳才能有良好的心理状态,才有足够的心理能量更好地生活,更好地学习。

案例讨论后,请学生讨论如何自我接纳,并分享。

(1)理解自己的负面情绪,认识到情绪波动是正常现象,不应否定、责备或掩饰,它是我们心灵的窗口,借助情绪可以更好地观察到自己的心理状态,看到我们需要什么,缺少什么。

(2)认识到没有人是十全十美的。无法自我接纳的个体往往存在完美主义的思维惯性,总是盯着自己和他人的不足,而没有看到自己和他人的长处。反之,多肯定自我,多赞美别人,多感恩生活,多多积累正能量,才能为自己带来改变。

(3)有自己的朋友圈。在与他人交往的过程中,能和他人产生联系,逐渐认识到自己的社会价值,在遇到困难挫折时,也能及时求助,有利于其自我价值的确立。

(4)最后,全班同学共同做“我真的很不错”手语舞蹈,引导学生在生活中要多多自我鼓励和肯定,在欢快的氛围中结束本次班会。

三、咨询案例

案例一:白某某是一名大三学生,主动来到心理咨询室进行咨询,提出其困惑主要为,对自己各方面都很不自信,容易产生自卑情绪,有时候会感到一个人很孤独,没有人会在乎自己,由此会导致日常生活中不由自主地心情低落,产生自暴自弃情绪。

自述从高一开始对自己的外表就不太满意,虽然别人总是夸自己帅气,也有女生追求,但对外表的自我认知不太满意,想去整容。这个想法和家人也说过,家人也劝自己,自己却依然有执念。反复询问后得知,该生会将在人际交往中的一些不如意,自动归结为自己长得不好看,如在追求自己喜欢的女生而遭遇对方拒绝时,会认为是因为自己的长相而拒绝了自己。

咨询师指出这是一种负性的自动思维,不合理的归因长期存在,形成了一种惯性思维,从而变为一种执念。并为来访者介绍了理性情绪疗法,引导其认识到,很多情绪困惑是由不合理认知引发的,要解决情绪问题或自卑,整容并不是根本解决方法,调整自身认知,对人际交往有合理全面的认识才是关键。

案例二:来访者郑某某,感觉自己性格内向、敏感,在团队中想充当领袖,可现实中,自己总是默默无闻的配合者,并不出彩。自述自己太乖了,希望自己能叛逆一些。通过来访者自述,咨询师发现其问题主要集中于自我意识领域，属于大学生成长过程中的一般性问题。对自我不够认同，总想着自己能变成另外的样子。咨询师指出，想要改变自我，首先要接纳自我，看到自己身上的特点，在此基础上扬长避短，而不是总和自己的不足去对抗，强迫自己变成另外一副模样。需认清现实我和理想我的关系，并正确看待二者差异。

第四章　人格发展

第一节　理论基础

一、什么是人格

人格又称为个性，最初指古希腊罗马时代的戏剧演员戴的面具，不同的面具体现不同的角色特点。在日常生活中常听人说，张三人格卑鄙，李四人格高尚，这是从伦理道德上给人的评价。在某种情景下，有人会气愤地说：这是对我人格的侮辱。在这里人格又属于法律的范围，说明有人侵犯了他的尊严和人权。而在心理学中，不同学者对人格的定义各有不同。"人格心理学之父"高尔顿·威拉德·奥尔波特（简称奥尔波特）[①]认为"人格是个体内部心身系统的动力组织，决定人的行为和思想的独特性"[②]。我国著名心理学家郑雪[③]将人格定义为"个体在遗传素质基础上，通过与后天环境的相互作用而形成的相对稳定的独特的心理行为模式"[④]。《心理学大辞典》认为人格是个体在社会化过程中形成的给人以特色的心身组织，表现为个体适应环境时在能力、情绪、需要、动机、兴趣、态

① 高尔顿·威拉德·奥尔波特（1887 — 1967），美国人格心理学家。
② 叶奕乾编著《现代人格心理学》，上海教育出版社，2005，第 4 页。
③ 郑雪（1957 — ），华南师范大学心理学院教授。
④ 郑雪主编《人格心理学》，暨南大学出版社，2001，第 12 页。

度、价值观、气质、性格和体质等方面的整合，具有动态的一致性和连续性。[①] 彭聃龄[②]综合各家看法，提出人格是构成一个人的思想、情感及行为的独特模式，这个独特模式包含了一个人区别于他人的稳定而统一的心理品质。[③] 人格是较为抽象的心理变量，可以结合其特点来理解。

（一）人格具有整体性

人格有多种成分，如能力、气质、性格、需要、动机、态度和价值观等，在每个人的人格世界里，各种成分并非简单堆积，而是同宇宙世界一样，依据一定的秩序、规则组合起来。各种成分的排列组合千变万化，因此人格表现得各不相同。正常人的行动并不是某一特定成分运作的结果，而是多个成分协调一致所进行的活动。当个体人格结构的各方面彼此和谐时，人们就会呈现出健康的人格特征，否则就会出现各种心理冲突，发展为人格障碍。

（二）人格具有稳定性

人格不易随时间和地点的变化而改变，主要表现为跨时间的持续性和跨情境的一致性，正如我们所说的“江山易改，本性难移”“三岁看大，七岁看老”。在人生的不同阶段，从婴儿期到老年期，人格都具有一致性；在不同的情境中，个体也会表现出相同的人格特征，比如性格外向开朗、随和健谈的人在家人面前、老师同学面前和同事面前都会表现出相同的特质。若个体的人格特征突然发生较大的改变，则是一种异常状态，需要考虑是否产生了心理疾患。当然，强调人格的稳定性并不意味着它在人的一生中是一成不变的，随着生理的成熟和环境的变化，人格也有可能产生或多或少

① 林崇德、杨治良、黄希庭主编《心理学大辞典》，上海教育出版社，2003，第 981 页。

② 彭聃龄（1935 —　），北京师范大学认知神经科学与学习研究所教授。

③ 彭聃龄主编《普通心理学（第四版）》，北京师范大学出版社，2012，第 495 页。

的变化，这是人格可塑性的一面，正因为人格具有可塑性，才能培养和塑造人格。

（三）人格具有独特性

世界上没有两片一模一样的叶子，也没有人格完全相同的两个个体，即使血缘关系非常亲近、在同一环境中长大的双胞胎，人格也不会完全一样。所谓“人心不同，各如其面”，个体的人格是在遗传、成熟、环境、教育等先天后天因素的影响下形成的，每个人从小成长的环境不同、生理基础不同、经历不同，所形成的人格就会不同。例如，有的人开放自然，有的人顽固自守，有的人沉默寡言，有的人豪爽，有的人谨慎等。但与此同时，也应该看到，不同个体之间也存在一定的共性，比如谦逊是中华民族的传统美德，相较于个性张扬的西方文化，中国人整体表现得更为内敛。

（四）人格具有功能性

“性格决定命运”体现的就是人格的功能性。它是指外界环境的刺激通过人格的中介才起作用，人格对个人的行为具有调节功能。中国流传一句话：“积习成性，积性成命。”美国心理学家詹姆斯也曾说：“播种一个行动，收获一种习惯；播种一种习惯，收获一种性格；播种一种性格，收获一种命运。”以上体现的都是人格的功能性。人格在一定程度上会影响一个人的生活方式，决定个体面对人事物的态度，久而久之，就会影响一个人的生活方向和命运走向。例如，同样面对挑战，坚强的人会勇往直前，而怯懦的人会逃避退缩，畏首畏尾。勇往直前更容易抓住机会，而逃避退缩则更容易错失机会，阻碍个人的更好发展。

二、人格的结构

人格是一个复杂的结构系统，包括许多成分，如气质、性格、认知风格、自我调控系统等方面。认知风格是指个体偏爱使用的信息加工方式,如面对问题时,有的人喜欢独立思考,有的人喜欢通过和别人交流获得启迪,找到解决问题的方法;有的人在短时间内就能找到问题答案,但答案正确率不高,有的人需要耗费较长时间,但准确率相对高等。自我调控系统即自我意识,包括自我认识、自我体验、自我控制三个子系统。而气质和性格是人格结构中最为主要的两个部分。

(一)气质

心理学中的"气质"和生活中所谓的"气质优雅""气质清新"并不相同,它是一种心理变量,是生活中所谓的脾气、秉性,是表现在心理活动的强度、速度、灵活性与指向性等方面的一种稳定的心理特征。[①] 强度表现在情绪体验、意志力等方面,例如,同样面对一件令人高兴的事情,有的人可能会微微一笑,有的人可能会手舞足蹈;速度和灵活性指知觉的速度、思维的灵活程度、注意力集中时间的长短、情绪发生的快慢,例如,在观察两歧图形时,有的人一眼就能够看出同一幅图画从不同角度可以发现不同的人物或形象,而有人观察很长时间不经提醒也无法发现,这就是知觉速度的差异。在学习和工作时,面对复杂的任务,有的人能够静下心花费半天甚至一天来刻苦钻研,而有的人 10 分钟就坐不住了,这是注意力集中时间长短的差异;指向性是指个体心理能量的集中点,有的人倾向于外部世界,更多关注周围的环境,在独处时很可能会觉得无聊,因为外界刺激减少,而有人倾向于内心世界,在独处时也不会觉得乏味,因为其内心世界较为丰富。

关于气质类型,代表理论有古希腊医生希波克拉底[②]提出的体液说和俄国心理学家巴甫洛夫提出的高级神经活动类型说。体液说认为,人体有

① 彭聃龄主编《普通心理学(第四版)》,北京师范大学出版社,2012,第 496 页。

② 希波克拉底(公元前 460 — 公元前 370),古希腊医师,西方医学奠基人。

四种体液:血液、黄胆汁、黑胆汁、黏液,并根据哪种体液在人体内占优势而将人的气质分为四种类型,即多血质、黏液质、胆汁质和抑郁质。多血质个体情感丰富、外露但不稳定,思维敏捷但不求甚解,活泼好动、热情大方、善于交往但交情浅薄,行动敏捷,适应力强,缺点是缺乏耐心和毅力,稳定性差,见异思迁,最突出的特点是灵活。胆汁质个体情绪体验强烈,爆发迅猛,平息快速,思维灵活但粗枝大叶,精力旺盛,争强好斗,勇敢果断,为人热情直率,朴实真诚,表里如一,行动敏捷、生气勃勃、刚毅顽强,最突出的特点是急躁,缺点是遇事常欠思量,鲁莽冒失,易感情用事,刚愎自用。抑郁质个体情绪体验深刻,细腻持久,情绪抑郁,多愁善感,思维敏锐,想象丰富,不善交际,孤僻离群,踏实稳重,自制力强,缺点是行为举止缓慢,软弱胆小,优柔寡断,最突出的特点是多愁善感。黏液质个体情绪平稳,表情平淡,思维灵活性略差但考虑问题细致周到,安静稳重,踏踏实实,沉默寡言,喜欢沉思,自制力强,耐受力高,内刚外柔,交往适度,交情深厚,缺点是主动性较差,缺乏生气、行动迟缓。最突出的特点是稳重。高级神经活动类型学说是解释气质类型的生理基础,巴甫洛夫依据神经过程的基本特性,即兴奋过程和抑制过程的强度,平衡性和灵活性,将人的气质分为四种类型。兴奋过程和抑制过程的强度,是大脑皮层神经细胞工作能力或耐力的标志,强的神经系统能够承受强烈而持久的刺激。平衡性是兴奋过程和抑制过程的相对力量,二者力量大体相同是平衡,否则是不平衡,灵活性是兴奋过程和抑制过程相互转换的速度,能迅速转化是灵活的,不能迅速转化则是不灵活性。高级神经活动过程强而不平衡,则表现为兴奋型(不可遏制型),对应胆汁质的气质类型;高级神经活动过程强、平衡且灵活的,表现为灵活型(活泼型),对应多血质的气质类型;高级神经活动过程强、平衡且不灵活的,表现为安静型,对应黏液质的气质类型;高级神经活动过程强度较弱的,表现为抑制型(弱型),对应抑郁质的气质类型。

气质是人的天性,无好坏之分。个体气质类型为先天形成,反映个体神经系统活动特点。孩子刚出生时,最先表现出来的差异就是气质差异,有的孩子爱哭好动,有的孩子平稳安静;不同气质类型之间没有好坏之分,不能决定人的社会价值,与个体的社会道德水平也不直接相关,一个人的活泼与稳重不能决定他为人处世的方向,任何一种气质类型的人既可以成为品德高尚、有益于社会的人,也可以成为道德败坏、有害于社会的人。同时,气质不能决定一个人的成就,任何气质的人经过自己的努力都能在不同实践中取得成就,若是不思进取,也可能成为平庸无为的人。在现实生活中,单一气质的人并不多,绝大多数的人是四种气质互相混合、渗透,兼而有之。

(二)性格

性格是人对现实的稳定的态度以及与之相适应的习惯化了的行为方式。性格是人的核心的人格差异,主要体现在对自己、对他人、对事物的态度和所采取的言行上。它带有道德色彩,有好坏之分,能直接反映出一个人的道德风貌,且主要是后天形成,是可以改变和培养的。在生活中,人们往往将性格理解为人格,但在心理学概念中,人格包含性格。有关于性格的分类,不同学者观点不同。比较典型的两种分类是将性格分为内倾型、外倾性和A型性格、B型性格、C型性格。外倾型即外向性格,表现为:倾向于注意外界所发生的事情,追求刺激,敢于冒险;无忧无虑,随和,乐观,爱开玩笑,易怒也容易平息,容易不加思考地行动;生活中有与别人谈话的需要,好为人师,容易冲动;喜欢变化,有许多朋友;同时善于交际,不喜欢独自学习。内倾型即内向性格,表现为:倾向于关注自身内心世界,凡事喜欢三思而后行,善于自律内省,很少有攻击行为;性情孤独,生活有规律;不热衷于人际交往,除亲密朋友外,对人比较冷淡,保持一定距离;很重视道德标准,有些悲观;安静,不善交际。A型性格、B型性格、C型性格是从身心相互作用角度来划分的。A型性格又称为冠心病性格,最突出的特点为成就动机很强，不甘心落后，爱和别人比较，容易嫉妒别人。A 型性格个体往往具有完美主义倾向，对自己要求十分严格，处理问题关注细节，总是希望能将事情完成得很圆满；同时时间观念强，办事绝不拖拉，处理问题总是往前赶，经常有紧迫感。A 型性格在工作生活中容易着急上火，急躁焦虑的情绪容易加重心脑血管负担。其平时精神紧张度就很高，稍遇刺激，就会心跳加快、呼吸加快、血压升高，长期如此，易患动脉硬化、高血压、冠心病等心脑血管疾病。当个体患病时，A 型性格往往不利于疾病的康复和身体健康。C 型性格，又称为癌症性格，突出特点为过分压抑自己的负性情绪。即不善于表达或发泄诸如焦虑、抑郁、绝望等情绪，尤其是经常竭力压制原本应该发泄的愤怒情绪。由于负性情绪不能及时宣泄，而导致一系列退缩表现，如屈从于权势，过分自我克制、回避矛盾、迁就忍让、依赖顺从，为取悦他人或怕得罪人而放弃自己的爱好、需要。这就导致个体在遇到问题时容易出现无助、无望的心理状态。长期压抑沉闷的心理状态会打破体内环境的平衡，干扰免疫监控系统的功能，免疫细胞无法及时清除异常突变细胞，则易引发癌症。B 型性格称为长寿性格，不像 A 型性格过分争强好胜，也不像 C 型性格低沉阴郁，而是常常满足于现状，内心平静，较少有情绪的大起大落。B 型性格在生活中通常表现出以下特征：1. 性情温顺，言语轻柔。与人交谈时态度平和，即使有不同意见，也很少争辩。2. 遇事从容，节奏缓慢。工作生活节奏适当，处理问题从容不迫，即使面对很棘手的任务，也能按部就班、心平气和地完成。3. 淡泊得失，与人无争。没有太多竞争的紧迫感，成就动机不高，容易满足。4. 善于适应，人际缓和。因情绪稳定，不争抢，所以在人际交往中比较适应环境。研究表明，长寿人群中，B 型性格者占 83%。长寿因素中，60%取决于自己，其中排在第一位的就是心态。B 型性格的人心胸开阔、乐观开朗，有事不憋在心里，小事糊涂，内分泌功能不易发生紊乱。所以，自然健康长寿，即使患病也容易痊愈。

气质和性格作为人格结构中最为重要的两个心理标量，二者之间有联系也有区别。联系在于气质可以影响性格的表现方式，使同一种性格表现出不同形式。例如，同样是对人友善的性格，多血质的人表现为亲切关怀，胆汁质的人表现为热情豪爽。另外，气质可以影响性格形成和发展的速度。例如，良好自律能力的养成，胆汁质的人往往需要经过极大的克制和努力，而抑郁质的人则比较自然和容易。区别则表现为：1. 起源不同，气质是先天形成的，一般产生在个体发展的早期阶段，而性格是后天形成的，是人在活动中与社会环境相互作用的产物。2. 可塑性不同，气质可塑性小，较难改变。性格可塑性相对大，环境对性格的塑造作用较为明显。3. 反映内容不同，气质反映神经系统活动特点，与行为内容无关，因而无好坏善恶之分。而性格反映态度及行为内容，与个体的价值观念和道德水平相关联，有好坏善恶之分。

三、常见人格障碍

人格障碍是指人格特征显著偏离正常，使患者形成了特有的行为模式，导致对环境适应不良，明显影响其社会和职业功能，或者患者自己感到精神痛苦，这种障碍通常开始于童年或青少年期，并一直持续到成年或终生。[①] 人格障碍形成的原因比较复杂，大量的研究资料和临床实践表明，遗传、心理、社会环境等方面因素都会对人格的形成产生影响。人格障碍的判定及治疗目前仍是精神卫生领域一大难点。常见的人格障碍有如下几类。

---

① 中华医学会精神科学会、南京医科大学脑科医院编《中国精神疾病分类方案与诊断标准（CCMD-2-R）》，东南大学出版社，1995，第 101 页。

(一)偏执型人格障碍

主要特点为猜疑和偏执。具体表现为:敏感多疑,固执死板,报复心强,爱嫉妒,自以为是,心胸狭隘,对他人过错不能宽容等。偏执型人格障碍在生活中往往不容易引起别人的注意。有偏执人格心理失调的大学生往往人际关系紧张,对他人的言行过分敏感,自己也会经常陷入苦闷的消极心理中,这种学生往往性格软弱,女生多于男生。

案例表现:杨某某,男,23 岁,某机关单位新入职的公务员。他自述,对任何人,包括以前班里的同学,甚至自己的父亲,不管他们做什么事,说什么话,都从心里怀疑。最近被调离机关到下属单位工作。他为此感到十分气愤,并断定是有人搞鬼,是同事因为嫉妒在背后给自己使绊子。领导反映其一直搞不好同事关系,安排工作时总是很多异议。杨某某没有听从领导的建议和提醒,却给上级部门写信,直述了对领导安排的不满,直言非把他搞垮不可。其女友劝他接受现实,在新岗位上努力工作,杨某某却怀疑女朋友变心了,怀疑女朋友与领导有不正当关系,两人之间也因为杨某某的猜疑经常争吵。

(二)反社会型人格障碍

反社会型人格最突出的特点为攻击性,会没有缘由地攻击他人。且行为大多受偶然动机、情绪冲动或本能愿望所驱使,缺乏计划性或者预谋。此外,为人冷漠,麻木不仁,对他人给予的善意和帮助无动于衷。也因此导致社会适应不良。反社会行为障碍常因其行为与公认的社会规范有显著背离而无法与他人正常交往,出现人际交往障碍。

案例表现:向某某,22 岁。因经常打架闹事、无端攻击他人,遭到处分。学习成绩不佳,有多门挂科。喜欢打游戏,自述热衷于游戏中消灭敌人的快感。辅导员反映小向会频繁没有缘由地攻击他人,包括语言攻击和身体攻击。如上着课突然将书扔向前排座椅的同学,并不道歉,与对方争吵;在寝室,也会无缘无故地与他人吵架,甚至发生肢体冲突。咨询过程中向某某自述,攻击他人没有理由,看到别人伤心难过也不会觉得愧疚,反而有一种报复的快感。

(三)表演型人格障碍

表演型人格障碍的主要特点是行为人凡事喜欢情绪化或者喜欢用夸张的言行吸引他人的注意。具体表现为装腔作势,爱慕虚荣,情感反应强烈易变等。

案例表现:高某某,女,20岁。从小娇生惯养,动不动就使小性子,哭闹无常。自幼就非常喜欢在各种热闹场合抛头露面,耍小聪明,来博得他人的夸奖,别人越夸,她越来劲。学习表现较好,但好吹捧自己的毛病仍旧未改,总是有意无意地标榜自己。在同学面前,吹嘘帅哥是怎样欣赏她、追求她,而她又是如何刁难他们,大放厥词。为了引人注意,哗众取宠不顾尊严。性格喜怒无常,高兴时劲头十足,稍有不顺,即大吵大闹,搞得同学朋友关系很紧张。

(四)边缘型人格障碍

边缘型人格障碍是一种患者个体以情绪反应失调、自我意识和人际关系不稳定、常有行为冲动为临床特征的严重精神疾病。[①] 具体来讲,主要特点有以下五个方面:1. 人际关系的不稳定性。在人际关系中表现得忽冷忽热,比较极端,与人关系要么极好,要么极坏,当感受到同伴或者恋人的疏离时,有时会做出一些疯狂行为来避免被抛弃。人际交往中不容易与他人形成稳定关系,人际矛盾频发。这也导致其在以咨访关系为基础的心理

---

① 葛玲、孔鑫:《边缘性人格障碍临床表现与治疗现状综述》,《校园心理》2011年第1期。

咨询过程中，无法有效建立关系，从而影响心理咨询效果。2. 情绪的不稳定性。情绪强度较为激烈，且转换速度快，会忽然出现躁动不安、易激惹或焦虑等现象，且生活中负性情绪居多，积极情绪较少出现。3. 自我同一性混乱。表现为对自己没有明确的认知，无法正确全面看待自己，自我认同程度低，对于自己的爱好、未来、想法模糊不清。4. 应激性的精神病性症状。在患者遭遇现实刺激时，更容易出现如怪异思想、非妄想性偏执或幻觉等精神病性症状，但症状表现比精神分类症要轻微，持续时间也不会太长。5. 行为容易冲动，做事不计后果，容易出现斗殴、酗酒、性滥交、吸毒甚至自杀、自伤等行为。[①]

案例表现：钱某某，22 岁，独生子。10 年前开始出现情绪反应剧烈现象，常在无外界刺激的情况下发怒、烦躁或者突然出现情绪低落，做事提不起兴趣，持续几个小时到半天恢复正常。家庭中母亲脾气暴躁，父亲性格温和。小钱自小被母亲要求严格，常被母亲苛责甚至打骂，因而发生激烈冲突。小钱自幼聪颖，性格偏向女性化，学习成绩较好。少年时期即经常出现情绪波动，无缘无故地感到不高兴。有过自杀想法。上高一时因为和老师及同学关系差受到孤立，间断出现幻觉，经常耳鸣，能听见爆破音、哨音及一两次短暂的人语声。偶尔离家出走，后因此而转学。大学时期学习和科研都很优秀，但是出现了焦虑、情绪变差，和别人交往时感觉恐惧等症状。喜欢一个人待着，并因此休学。休学后仍能够自主学习，并能顺利通过学校考试。经常感觉自己情绪差、做事没兴趣、有焦虑情绪，内心特别恐惧，感觉有东西压迫过来。和别人交往时感觉浑身不舒服，严重时连父母和女友都不敢见，无明确的担心和害怕的内容。自己一个人在家比较自在，但是担心自己不和人交往会影响将来的学业、工作等。

---

① 美国精神科学学会：《DSM－Ⅵ分类与诊断标准》，精神医学分册增刊，2001，第 219—227 页。

（五）依赖型人格障碍

主要表现为遇事缺乏主见，因目标不清晰所以在做决定时通常会依赖他人，听从他人意见，表现出决策困难。当他人无法为自己作出决定时，容易出现抑郁焦虑情绪。患者以女性居多，性格特点多表现为敏感自卑、优柔寡断。依赖型人格障碍以过分依赖为特征，并至少有下列三项：请求或同意让人为自己生活中大多数重要事情作决定；将自己的需求附属于所依赖的人，过分顺从他人的意愿；不愿意对所依赖的人提出即使是合理的要求；由于过分害怕不能照顾自己，在独处时感到不舒服或无聊；沉陷于被关系密切的人所抛弃的恐惧中，害怕只剩下他一人来照顾自己。①

案例表现：洪某某，某大学一年级学生，女性，父母均为工人，家庭生活温馨，因为她是父母的独生女儿，因而倍受宠爱。上大学前，她的一切事宜均由父母料理，从不承担任何家务劳动，甚至连衣服鞋袜也不用自己洗。上大学后，非常想家，对大学生活极不适应。自述进入大学后日日夜夜都在想家，晚上上床，想到睡的地方不是自己的家，很难入睡。梦中经常梦到家人，醒来就心烦、心酸，不想起床，不想吃早饭，也不想上课，但又怕身体垮了父母着急，便强迫自己起床锻炼、吃饭。在校园里散步，听见广播里放的音乐有“家”之类的歌词就会伤心哭泣。在学习生活中遇到问题会经常打电话向父母倾诉，寻求解决办法，自己作出决定非常困难。在校园、在大街上，到处听见的都是本地人的口音，深深觉得自己是被抛弃到异地的游子，感到非常孤独。有时同学邀请她聚会或一起参加活动，也提不起精神，不感兴趣。无法融入大学校园，让洪某某情绪非常低落，长此以往，学习生活都受到了严重影响。②

---

① 江开达主编《精神病学高级教程》，人民军医出版社，2009，第 10 页。

② 袁小丽、张晶、刘寒秋：《对依赖型人格障碍的临床分析》，《中国医药指南》2011 年第 28 期。

四、大学生健康人格特点

关于大学生健康人格的内涵,不同的学者观念也稍有不同。有学者认为大学生健康人格需要具有和谐的人际关系、良好的社会适应能力、乐观向上的生活态度、正确的自我意识、良好的情绪调控能力和高度的创造力。[①] 还有学者指出大学生健康人格包括自主自立、自信自强、自爱自尊、自规自律四个方面。[②] 我国学者黄希庭[③]通过理论和实践研究,提出了自立、自信、自尊、自强的“四自人格”来概括在我国传统文化背景下的人格特征,也是健全人格的基础。自立表现为个体能够对自己的想法和行为负责,能够较为独立地确定目标、实现目标,不会过多依赖他人。自信表现为个体能够客观全面看待自己,接纳自己的优点和不足。不会在遭遇失败时消极归因而导致自卑。自尊指个人评价自己的价值和重要性的情绪体验,与自我价值感同义。自强表现为个体面对困难或挫折不退缩,以良好的心态积极应对,具有良好的意志品质。综合来看,大学生健康人格特征主要体现在以下方面。

(一)积极乐观的心态

不同学者对乐观的看法不同。查尔斯 · S. 卡弗[④]等人在 1985 年提出气质性乐观的概念,它是指个体对未来好结果的总体期望。[⑤] 气质性乐观

---

① 姚红:《大学生健康人格的培养与塑造》,《江西社会科学》2001 年第 4 期。

② 朱红艳:《大学生健康人格及培育路径研究》,《思想理论教育导刊》2015 年第 10 期。

③ 黄希庭(1937 —　),西南大学教授。

④ 查尔斯 · S. 卡弗(1947—2019),美国迈阿密大学心理学教授。

⑤ Scheier MF, Carver CS,“Optimism, coping and health: Assessment and implications of generalized outcome expectancies”,*Health Psychology*, no. 4(1985) 1985: 219-247.

的定义倾向于将乐观看作是一种稳定的人格特质,[①]具有跨时间和跨情境的一致性。与气质性乐观相对的是气质性悲观。气质性乐观和气质性悲观的不同具体表现在看待事物的出发点和方式不同,属于个体的积极、消极信念和认知评价倾向。[②] 气质性乐观水平高者一般认为好事会发生,气质性悲观水平高者一般认为坏事会发生。而积极心理学发起人马丁·塞利格曼[③]认为乐观是一种解释风格,而不是人格特质,是后天可以习得的。乐观的人倾向于积极归因,将失败事件原因归结为可控的、暂时的,能够正确面对挫折,并积极寻找解决问题的办法;而悲观的人倾向于消极归因,将失败原因归结为不可控的、长期的,面对困难往往产生畏难心态,不自主地夸大问题处理的难度,从而造成自身心理负担。人格健康者普遍具有乐观的解释风格,凡事看好的一面,并对生活充满希望。

(二)正确的自我意识

人格是多维的,自我意识是重要组成部分。个体如何看待自己,在很大限度上影响着他对待周围人事物的态度及行为方式,继而影响其人格发展。不同心理学家对于健康人格的描述中,均充分肯定了自我意识在健康人格中的核心地位。奥尔波特认为具有健康人格的人是成熟的人,成熟人的特征之一即为客观地看待自己;罗杰斯认为具有健康人格的人是充分起作用的人,能够充分信任自己,有自由感,具有高度创造力;马斯洛提出了16条理想的人格特征,其中之一即是悦纳自己、别人以及周围世界。健康的人格应具有正确的自我意识,客观全面地看待自己,充分肯定自己的优势,乐于接纳自己的不足,对于自身无法改变的缺点能够安然处之。反之,

---

① 刘莹:《浅议气质性乐观》,《科技咨讯》2008第36期。

② Scheier MF, Carver CS,"Optimism, coping and health: Assessment and implications of generalized outcome expectancies",*Health Psychology*, no. 4(1985) 1985: 219-247.

③ 马丁·塞利格曼(1942—),美国心理学家。

存在自我意识偏差或自我意识障碍的个体,往往对外界事物的看法会有偏颇,在人际交往中也表现出适应不良现象。

(三)良好的情绪管理能力

情绪管理能力,是指一个人觉察和表达自己情绪、感受、识别他人情绪,并依据某一目标,调控自己与他人的情绪反应的技巧和能力。情绪作为一种重要的心理变量,影响着个体生活的方方面面。情绪稳定有利于问题解决,避免对身体造成累积性影响,同时益于营造融洽的人际关系。具有良好的情绪管理能力,个体表现为生活中积极情绪占优势,在产生消极情绪时能够有效控制,合理宣泄,不会被负性情绪长期影响。而良好情绪管理能力的重要基础是具有合理的认知,对于同一件事情,不同个体会有不同情绪反应,其原因就在于对于外界事物的解释评价不同。

(四)较强的心理韧性

心理韧性,又称为抗逆力、心理弹性,是个体面对逆境时的应对能力,其强弱体现在个体遇到挫折时所表现出来的情绪状态和行为表现上。随着心理健康教育工作发展,目前对抗逆力研究的重视程度在逐渐提高。高校心理工作正逐渐以预防性和发展性为指导原则,从立足于问题出现之后的“危机干预”范式转换为致力于问题出现之前的“抗逆力培养”范式,心理韧性的研究再次成为热点。心理韧性较强的个体,具有较好的适应性和抗压能力,面对挫折和压力时,能够自我调整,克服困难,良好发展。

(五)良好的人际交往能力

人是社会性动物,良好的人际关系对于其身心良好发展及正常生活是必备因素。当代大学生多为独生子女,且上大学之前多以学业为重,部分学生进入大学后出现人际适应不良现象,表现为无法融入人际环境,或者因为缺少人际交往技巧,对人际交往没有正确认知等原因,而容易与他人产生人际关系矛盾,造成情绪上的困扰,影响其正常学习生活。而良好的人际交往能力,能够避免此类现象,使大学生在与人沟通交流时获得更多积极情绪体验,对于健康人格塑造至关重要。

五、大学生如何塑造健全人格

人格形成受到多种因素影响,所以塑造健全人格,需要多方相互配合。

(一)社会层面

积极鼓励大学生参加社会实践。目前高校十大育人体系中,实践育人是重要组成部分,大学生可以通过参加志愿服务、义务劳动、政策宣讲、文化宣传等活动,将所学所想应用于实际生活中。在此过程中,大学生通过和不同人群接触,对于自身成长和社会环境会有更为深入的思考和感悟,有利于提高其人际交往能力,增强心理韧性,也是毕业后走向工作岗位的有效练习。

(二)学校层面

学校层面对大学生的人格塑造有多种途经。如管理育人、服务育人、科研育人、资助育人等,其中心理育人的重要作用不可忽视。在大学开设心理健康教育课程,为大学生讲解人格相关心理学知识,同时开展团体心理辅导、心理主题班会、心理剧等课外实践活动,帮助大学生在丰富多彩的校园生活中能够静下心来思考什么是人格,如何塑造健全人格等问题,帮助大学生掌握自我调节的心理技巧,增强其自我心理调适能力。

(三)家庭层面

目前,家校联合教育已逐步展开。家庭成员之间的沟通方式、情感互动方式、家风等因素，会对大学生的人格塑造起重要作用。家庭成员多为大学生的重要他人，而重要他人与个体往往有较强的情感连接，对个体的认知态度行为会产生较大影响。部分人格障碍患者就是因为父母的教养方式不当，或者家庭结构改变而导致的。家长也需要适当接受教育心理相关辅导，以便更好地了解大学生心理状况，与学校教育形成合力，才可以帮助大学生更好塑造健康人格。

（四）个人层面

人格具有稳定性，但同时也具有一定可塑性，大学生可以学习一些心理调适策略来完善人格。1. 积极地自我暗示，在遇到问题时，多使用积极的思考方式，积极的思考方式能够带来积极的情绪体验。莎士比亚说："聪明的人永远不会坐在那里为他们的损失而悲伤，却会很高兴地去找出办法来弥补他们的创伤。"转变思维方式，如将"这个问题有点麻烦"的想法转换成"这是一种挑战"、将"我真没用"转换成"每个人都不是完美的"等，形成积极思维习惯，有助于形成积极乐观的心态。2. 形成合理的认知。认知影响个体的情绪及行为反应，个体拥有合理的认知，就会有平稳的情绪状态及良好的行为模式。3. 提升抗逆力。正确看待挫折，理性面对挫折，将"我怎么这么倒霉"转换成"人生不如意十有八九，遇到问题解决问题，办法总比困难多"，将"我好可怜，遇到这样的问题不知道怎么办了"转换成"我会努力找到解决问题的办法，如果实在不成功，我也尝试过了"。通过经历挫折磨炼意志品质，增强心理韧性。

第二节 实践活动

一、团体心理辅导——“人格完善”团体心理辅导方案

团体目标：帮助学生了解人格相关心理学知识及人格完善的途径。

团体性质：改善身心状态的问题解决导向团体。

团体领导者：专兼职心理健康教师。

参加对象：各年级大学生。

开展时间：不限。

团体活动时间：预计 2 小时。

团体计划书：见表 4-1。

表 4-1 “人格完善”团体心理辅导计划书

活动阶段	活动目的及内容	时间	准备工具
开场	1. 活动目的 引入主题，说明本次团体心理辅导的意义。 2. 活动内容 辅导老师和小组成员自我介绍、简介活动目的、意义。简要介绍人格的概念，并请团体成员选取生活中的人、事、物来描述自己的人格并作为自己的昵称。通过以下故事引导团体成员关注人格这一心理学变量，并认识到其重要性。 一位老教授的三个得意门生事业有成：一个在官场上春风得意，一个在商场上捷报频传，一个埋头做学问如今也苦尽甘来，成了学术明星。于是有人问他：你以为这三个人哪个最有出息？老教授说：人生的较量有三个层次，最低层次是技巧的较量，其次是智慧的较量，他们现在正处于这一层次，而最高层次的较量则是人格的较量。	20 分钟	PPT、讲稿、便笺纸

续表

活动阶段	活动目的及内容	时间	准备工具
自我评估	1. 活动目的 了解自己的气质类型。 2. 活动内容 完成气质量表自我测评。气质量表是北京师范大学陈会昌教授编制,信效度较高。请团体成员完成量表,了解自己的气质类型。并简要介绍每种气质类型的特点,指出气质类型无好坏之分,与社会成就、社会道德水平无直接关联。	40分钟	量表
思考探索	1. 活动目的 明确良好的人格品质是什么。 2. 活动内容 性格魅力测试站。具体内容:假设你参加了一个聚会,在里面你结识了很多性格迥异的人,有真诚的、善解人意的、乐于助人的、体贴的、热情的、善良的、活泼开朗的、风趣幽默的、聪明能干的、自信的、心胸开阔的、脾气古怪的、不友好的、饶舌的、自私自利的、自负傲慢的、虚伪的、恶毒的、不可信任的、性情暴躁的、孤僻的、冷漠的、固执的、心胸狭隘的,等等。① 组织成员进行讨论:你最不愿意和哪三种人做朋友?最愿意和哪三种人做朋友?简要地说明理由。请每位成员重新对自己做一个评判(不需要说出来):你认为自己最类似于以上哪两种人?优缺点各选一个,然后仔细倾听其他成员对此的评价,从而了解自己的性格在人际交往中的受欢迎程度。 根据成员的发言,记录下每种性格的魅力指数。最愿意和某三种人做朋友,那么根据喜欢程度的高低,这三种性格分别记+3、+2、+1 分;反之,最不愿意和某三种人做朋友,那么根据讨厌程度的高低,这三种性格分别记-3、-2、-1 分。所有成员发言完后,计算每种性格的总分,得出该性格的人际魅力指数。	50分钟	彩笔、纸张

① 陈小梅主编《大学生心理健康教育》,电子科技大学出版社,2018,第 117 页。

续表

活动阶段	活动目的及内容	时间	准备工具
思考探索	活动过后,介绍黄希庭教授关于“人缘型”人格和“嫌弃型”人格的研究成果。“人缘型”人格特征包括:“尊重他人,关心他人,对人一视同仁,富于同情心”“热心班级活动,对工作负责”“持重、耐心、忠厚老实”“热情、开朗、喜爱交往、待人真诚”“聪颖、爱独立思考、成绩优良、乐于助人”“重视自己的独立性和自治,并且有谦逊的品质”“有多方面的兴趣爱好”“有审美的眼光和幽默感,但不尖酸刻薄”“温文尔雅,端庄、仪表美”。“嫌弃型”人格特点包括:“自我中心,只关心自己,不为他人的处境和利益着想,有极强的嫉妒心”“对班级的工作缺乏责任感,敷衍了事或浮夸,不诚实,置身集体之外”“虚伪,固执,爱吹毛求疵”“不尊重他人,操纵欲、支配欲强”“对人冷漠,孤僻,不合群”“有敌对,猜疑和报复的性格”“行为古怪,喜怒无常,粗暴,粗鲁,神经质”等,使大学生了解健康人格应该是什么样的。	50分钟	彩笔、纸张
塑造自我	1. 活动目的 了解积极心理学相关知识,塑造自我健康人格。 2. 活动内容 分享五条阳光心态养成小贴士。 ①拥有一颗平常心,看淡得失。对于生活中的收获和失去能够正确看待,不斤斤计较。 ②有一双发现美的眼睛。多关注生活中的美好,不要总是纠结于已经存在的不足。 ③与人为善,将人际交往当成乐趣,而不是负担。 ④培养兴趣爱好,学习工作之余放松身心。 ⑤感恩知足,多关注自己拥有什么,而不是执着于自己没有什么。	10分钟	纸、彩笔

二、主题班会

主题:培养乐观心态,乐享青春时光。

适用人群:大一到大四均可开展。

地点：室内。

形式：谈论、分享。

目的：帮助大学生认识到乐观心态的重要性，培养自身积极心态。

过程

1. 心态的自我诊断

测试题（学生自我测试，强调学生要置身情境中，选出真实想法）

（1）我今晚学习到12点，我会想：

A. 睡得太晚了，明天一定会影响学习的。

B. 今天的学习任务完成了，我要抓紧时间休息，养足精神迎接明天的挑战。

（2）在考试中遇到一道难度很大的题不会做，我会对自己说：

A. 真该死，万一做不出来怎么办？我简直太笨了。

B. 我难别人也难，别慌，先做后面的题目，有时间了再回头看这道题。

（3）我正在背英语单词，班委告知我要参加班级活动。

A. 真烦人，打扰我学习。

B. 正好，放松一下，劳逸结合。

（4）今天上课过程中老师讲的一个知识点我没听懂。

A. 自我责备：我太笨了，什么都学不会。

B. 继续认真听，有不懂的知识点，下课和老师同学交流。

教师总结：以上测试题目A选项为悲观主义的答案，B选项为乐观主义的答案，请学生根据测试题自我评估，自己是乐观主义还是悲观主义。

2. 故事分享

（1）有一个国王想从两个儿子中选择一个做王位继承人，就给了他们每人一枚金币，让他们骑马到远处的一个小镇上，随便购买一件东西。而在这之前，国王命人偷偷地把他们的衣兜剪了一个洞。中午，兄弟俩回来了，大儿子闷闷不乐，小儿子却兴高采烈。国王先问大儿子发生了什么事，大儿子沮丧地说：金币丢了！国王又问小儿子为什么兴高采烈，小儿子说他用那枚金币买到了一笔无形的财富，足以让他受益一辈子，这个财富就是一个很好的教训：在把贵重的东西放进衣袋之前，要先检查一下衣兜有没有洞。

(2)两个青年到一家公司求职，经理把第一位求职者叫到办公室，问道：你觉得你原来的公司怎么样？求职者面色阴郁地答道：唉，那里糟透了。同事们尔虞我诈，钩心斗角，部门经理粗野蛮横，以势压人，整个公司暮气沉沉，生活在那里令人感到十分压抑，所以我想换个理想的地方。经理说：我们这里恐怕不是你理想的乐土。于是这个年轻人满面愁容地走了出去。第二个求职者也被问到这个问题，他答道：我们那儿挺好，同事们待人热情，乐于互助，经理们平易近人，关心下属，整个公司气氛融洽，生活得十分愉快。如果不是想发挥我的特长，我真不想离开那儿。最终经理录用了第二位求职者。

(3)有一天，农夫的一头驴子，不小心掉进一口枯井里，农夫绞尽脑汁想办法救出驴子，但几个小时过去了，驴子还在井里痛苦地哀号着。最后，这位农夫决定放弃，他想这头驴子年纪大了，不值得大费周折去把它救出来，不过无论如何，这口井还是得填起来。于是农夫就请来左邻右舍帮忙一起将井中的驴子埋了，以免除驴子的痛苦。

农夫的邻居们人手一把铲子，开始将泥土铲进枯井中。当这头驴子了解到自己的处境时，刚开始哭得很凄惨。但出人意料的是，一会儿这头驴子就安静下来了。

农夫好奇地探头往井底一看，出现在眼前的情形令他大吃一惊：当铲进井里的泥土落在驴子的背部时，驴子的反应令人称奇——它将泥土抖落在一旁，然后站到铲进的泥土堆上面。

就这样，驴子将大家铲倒在它身上的泥土全数抖落在井底，然后再站上去。很快地，这只驴子便得意地上升到井口，然后在众人惊讶的表情中快步地跑开了!

请同学们思考并分享,这三个故事中获得什么启示,并分享生活中类似的所见所闻。

3. 互相分享

请学生分享如何养成积极乐观的心态,并将答案进行总结,彼此分享讨论。

4. 图书推荐

《坚强的乐观者》《教出乐观的孩子:让孩子受用一生的幸福》《活出最乐观的自己》《乐观主义者》等。

三、咨询案例

祁某某,大二学生,家中独生女。某天来到咨询室进行咨询,主要困惑是不满意自己的性格,认为自身性格过于内向,在人际交往中,表现得比较害羞,在社团活动和班级活动中,感觉比较拘谨。不太敢也不太会去表达自己想法,和人相处总会感觉到不知所措,从小到大不太会和别人打交道,不太会去结交新的朋友,人际圈比较窄。自身性格也比较敏感纠结,家人形容自己在作决定时磨磨叽叽,不干脆利落,催促自己多次改正,但并没有效果。

祁某某的咨询目标是想改变自身内向、敏感、纠结的性格特点,老师们建议她首先需要自我接纳,认识到没有人是完美的,不应有过多心理压力。可以通过多多参加实践活动、多交朋友、积极自我暗示等方式逐步完善性格。此外,需要认识到性格不是一朝一夕形成的,改变或完善都需要一个过程。

第五章　学习心理

第一节　理论基础

学习是大学生的主要任务，也是青年人未来建设祖国、服务社会的重要前提。了解学习相关理论以及学习过程中各种心理变量的作用机制，对于提高学习效率、促进个体及社会发展有重要意义。

一、学习的概念

（一）广义的学习

广义的学习是个体在一定情景下由于经验而产生的行为或行为潜能的比较持久的变化。① 第一，主体身上必须产生某种变化，才能推论学习已经发生。仅有练习并不一定产生学习。儿童从不会骑自行车到会骑自行车，学习就发生了。以后仅重复骑自行车（没有技巧改进），这种重复的活动或者练习不能称之为学习。第二，这种变化是相对持久的。有些主体的变化，如适应、疲劳，不能称之为学习，因为这些变化是暂时的，一旦条件变化或者经过适当的休息，这些暂时性变化就会消失。如跑步锻炼，跑步前觉得身轻如燕，跑步后觉得双腿发沉，这是疲劳所致，虽然主体有所变

① 彭聃龄主编《普通心理学（第四版）》，北京师范大学出版社，2012，第 535 页。

化，但是这种变化经过适当的休息后就会消失，并不持久，所以不能称之为学习。再如，进入一个满是鲜花的房间，刚进去的时候会觉得很香，时间久了味觉适应了就不觉得香了，这是适应，但是从这个房间出来，在房间外再待一段时间后再次进入，就会觉得这个房间仍然很香，这时，适应又消失了，所以适应所导致的变化是短暂的，不能称之为学习。第三，主体的变化是由他与外界环境相互作用产生的，即后天习得的，排除由成熟或者先天反应倾向所导致的变化。例如，能吃东西不能简单称之为学习，是本能，会吃东西（老外学会用筷子、在特殊环境中学会生存等）才算学习。

（二）狭义的学习

狭义的学习即学校教育中的学习概念，特指学生的学习，指学生按照一定的学习目标，有组织地、系统地掌握知识、技能和行为规范，发展能力的活动。包括知识技能的掌握，各项能力的发展，道德品质的养成等。

二、学习相关理论

（一）认知主义学习观

认知主义学习观关注个体的认知加工过程，它认为人是具有主观能动性的个体，在学习过程中会主动地在头脑内部构造认知结构，寻找事物之间的联系和区别，找到问题的解决办法。而不是在外部环境的支配下被动地形成刺激——反应联结；有机体当前的学习依赖于个体的认知结构和当前的刺激情境，学习受主体的预期所引导，而不是受习惯所支配。其代表人物有托尔曼、沃尔夫冈·苛勒[1]等人。综合来看，当代教育中，认知主义学习观占主要地位。

① 沃尔夫冈·苛勒（1887—1967），德裔美籍心理学家。

(二)人本主义的学习观

认为个体具有自主学习的意愿及潜能,不需要过多外在压力,而是应该给予个体自由的环境,以鼓励和引导为主。十分重视教学的基本目的是促使学生在教师帮助下激发学习的内在动机,充分发挥学习者的潜能,并创造一个融洽的学习环境,从而使学习者能自我教育。教师在学习过程中扮演的是引导者、启发者,而不是管理者、说教者。其代表人物有马斯洛、罗杰斯等人。

(三)行为主义学习观

行为主义者认为,学习是建立刺激与反应之间联结的过程。它关注外显的行为,而不是内隐的认知。其基本假设为:行为是学习者对环境刺激所作出的反应。他们把环境看成是刺激,把伴随的有机体行为看作是反应,认为所有行为都是可以通过强化或者消退等方式习得或消除的。行为主义学习理论应用在学校教育实践上,就是要求教师掌握塑造和矫正学生行为的方法,为学生创设一种环境,尽可能在最大限度上强化学生的合适行为,消除不合适行为。如对于学生迟到行为,给予批评,减少此类行为的发生频率;对于学生认真学习的行为,给予鼓励和嘉奖,以增强其学习动机等。代表人物有华生、班杜拉等。

三、大学生学习特点

(一)学习态度的主动性

与中学阶段的学习不同,大学学习的特点是依赖性减少,自主性增强。首先,大学所学内容往往更深、更广,教师课堂讲授往往是提纲挈领式的,这就要求大学生通过课外自学和扩展阅读去理解和掌握教学的内容；其次，大学生自由支配的时间多，学习资源较多，大学生可以根据自己的兴趣需要进行选择。这就要求大学生有较强的自学能力，能够合理安排好自己的学习时间。所以，学会自主学习在进入大学阶段及以后的学习中非常重要。

（二）学习过程的阶段性

大学生的学习阶段可以大致分为公共基础课的学习阶段、专业基础课的学习阶段、专业课学习阶段、毕业论文设计阶段四个阶段。公共基础课学习阶段一般在第1—3学期开设，如政治理论、外语、数学、心理等；专业课学习阶段一般在第3—8学期开设，特点是课程数量多，学科知识面拓展和深入；与此同时进行的是毕业论文，在第7—8学期进行，大学生在前两个阶段学习的基础上，综合运用已经掌握的理论知识和各种能力，按照科学的思维方法，在老师的指导下进行选题，了解选题的研究现状及研究意义，独立、创造性地进行研究。在学习的过程中会配合实习，一般实习都是安排在大三或大四，也就是即将毕业的阶段。大学学习的四个阶段，每个阶段有各自特点，但是彼此之间又是相互衔接的。

（三）学习路径的多元性

在高中阶段，主要是以课堂学习为主，而大学阶段，大学生可以通过课堂教学、课外实习、社会实践、学术论文、图书馆查阅资料、网络公开课等多种途径开展学习。多样化的学习方式有利于大学生在学习专业化的同时，了解多领域知识，完善自身综合素质。

（四）学习内容的专业定向性

高中阶段注重文化基础知识的学习，大学阶段注重专业基础知识的提升。大学学习具有专业性,这是大学学习与中学学习最明显不同的一点。大学教育的主要任务是为社会培养各专业的高级人才。各专业之间的课程设计、教学内容以及培养目标存在较大差异。各专业的课程设置也将影响大学生的知识结构和智力结构,影响他们投入实际工作的适应性。

四、影响学习的各种智力和非智力因素

学习过程是认识过程,认识过程中会涉及很多心理因素,可以将影响学习的心理因素分为两大类。

(一)智力因素

智力因素是指人在认识过程中的各种能力,是人完成各种活动所需要的最基本的心理条件。包括注意力、观察力、记忆力、想象力等。注意力是指将心理活动指向和集中于一定事物的能力;观察力是指全面深入正确地认识事物特点的能力,是一种知觉同思维相结合的能力;记忆力是人脑储存和再现以往知识经验的能力,是智力活动的基础;想象力是人们在已有的记忆表象基础上创造新形象的能力。[①] 智力是认识活动的综合能力。在智力活动中,以上能力彼此配合,共同发挥作用,其中以抽象思维力为核心。

1. 记忆

没有学习不产生记忆,没有记忆也就无法学习。如背诵古诗词,英语课文,记得某个老朋友的模样和共同的经历,这都是记忆。关于记忆的研究一直是心理学中的热点。

一些有影响的学说都认为,信息要牢固地进入记忆要通过三个阶段:

---

① 教育部思想政治工作司组编,沈德立主编《大学生心理健康教育》,高等教育出版社,2013,第 175 页。

感觉记忆、短时记忆、长时记忆。感觉记忆（瞬时记忆）是记忆系统的开始阶段，也叫感觉登记。感觉记忆中，事物的形状、颜色等物理特征比较明显，具有鲜明的形象性。感觉记忆保存的时间比较短暂，是记忆系统在对外界信息进行进一步加工之前的暂时登记。在外界刺激的直接作用消失后，它为进一步的信息加工提供了可能性。例如在观看电影时，虽然呈现在屏幕上的是一幅幅静止的图像，但是我们却可以将这些图像看成是运动的，这就是由于感觉记忆的存在。感觉记忆有较大的容量，但只有一部分信息由于注意而得到进一步加工，进入短时记忆；短时记忆对信息的保持时间大约在一分钟，作为记忆过程的中间环节，短时记忆是信息从感觉记忆到长时记忆之间的一个过渡阶段。短时记忆的信息通过复述和精细加工得以转换成长时记忆。在医院里常常可以看到，有些车祸中头部受伤的人，不记得自己是怎么受伤的，但是对更早的事情却能记得。这是因为车祸没有破坏他们的脑组织，而只是破坏了当时的神经活动，使当时的短时记忆中的信息全部消失，而长时记忆中的内容却未受损失。犹如运货小车半路上被撞翻，而仓库毫发未损一样；长时记忆是指存储时间在一分钟以上的记忆。长时记忆系统中存储着大量经验和知识，是各类心理活动的重要基础。如红灯停、绿灯行此类的交通规则、语言方式等，这些内容都存储在长时记忆中，它的容量是没有限度的。信息的来源大部分是对短时记忆的加工，也有由于印象深刻而一次获得的。对记忆材料的加工深度会影响长时记忆效果，即对记忆材料理解得越透彻，记忆效果越好，所以理解记忆比机械记忆效果要好。任何信息都必须经过感觉记忆和短时记忆才能够进入长时记忆，否则，信息不可能长时间存储在人脑中。

记忆可以按照不同分类标准分成不同类别，根据记忆内容可以分为陈述性记忆和程序性记忆。陈述性记忆往往需要意识的参与，如在课堂上学习的各种课本知识和日常的生活常识都属于这种知识。程序性记忆需要通过多次尝试才逐渐获得；在利用这类记忆时往往不需要意识的参与。例如,在学习骑自行车之前,学习者可能读过一些有关的书籍,记住了某些动作要领,这种记忆就是陈述性记忆;以后学习者经过不断练习,把知识变成了运动技能,真正学会了骑自行车,就是程序性记忆。

根据记忆提取方式不同可以分为内隐记忆和外显记忆。外显记忆是指在意识的控制下,过去经验对当前作业产生的有意识的影响。内隐记忆是近年来形成的一个比较新的记忆研究领域。将内隐记忆从外显记忆中分离出来,是当代记忆心理学研究的一个重要突破。20 世纪 70 年代,研究人员在对遗忘症病人的研究中发现,这些病人不能回忆刚刚学会的单词,但通过词干补笔或自由联想等测验方式发现,这些词仍对病人的测验成绩有所影响。① 例如,让患者学习一些常用的词,然后进行有意识的回忆或者再认测验,他们的作业成绩很差,但是如果给出这些单词(已经学过的)头几个字母,要求患者填写完整,患者倾向于把这些字母填写成刚学过的单词,而不是其他的词。这表明,被试存在着一种自动的、不需要意识参与的记忆。再如,有时走在校园里,听到校园广播中的歌曲,没有有意去记,但是回到宿舍之后,会无意中哼起这首歌,这就是内隐记忆。内隐记忆是近年来认知心理学研究热点,个体在学习、决策、思考过程中,内隐记忆都会参与其中。

大学生在学习过程中,可充分利用记忆规律,提高学习效率。(1)个体往往对熟练动作和形象材料遗忘得比较慢,对有意义的材料比对无意义材料的遗忘要慢得多,在学习程度相等的情况下,识记材料越多,忘得越快,材料少,则忘得慢。因此,学习是要根据材料的性质来确定学习的数量,不要贪多求快。(2)对材料的识记没有能达到无误背诵的标准,称之为低度学习;如果达到恰能成诵之后还能继续学习一段时间,称为过度学习。实验证明,过度学习的材料比恰能成诵的材料记忆效果要好,当然过

---

① Warrington E K, Weiskrantz L. "The effect of prior learning on subsequent retention in amnesic patients", *Neuropsychologica*, no. 12(1974):419-428.

度学习有一定的限度,花费在过度学习上的时间太多,会造成精力与时间的浪费。(3)现代科学研究表明,个体通过视觉获得的知识,能够记住25%,通过听觉获得的知识能够记住15%,若把视觉与听觉结合起来,能够记住65%,记忆效率大大提高。所以学习要用眼看,用耳听,用口念,用手写,用脑子想,动员多种感知途径,能够有效增强记忆效果。(4)在实验研究中发现,在回忆系列材料时,材料的顺序对记忆的效果会有重要的影响。最后呈现的材料最容易回忆,遗忘也最少,表现为近因效应。最先呈现的材料比较容易回忆,遗忘也比较少,表现为首因效应,遗忘最多的是中间部分,这种在回忆系列材料时发生的现象称为系列位置效应。学习时,可有意识地将需要重点记忆的内容放在某个学习时间段的最开始阶段或者最后阶段,能够增强记忆效果。

2. 思维

在日常生活中,我们每时每刻都离不开思维。我们通过它学习知识,解决问题,辨别真伪,识别美丑。阅读的过程,听课的过程,与人交谈的过程,都离不开思维。

思维是借助语言、表象或动作实现的、对客观事物概括的和间接的认识,是认识的高级过程。[①] 人们通过思维探索与发现事物的内部本质联系和规律性。

思维可以分为直观动作思维、形象思维、抽象逻辑思维。直观动作思维是指解决问题的方式主要依赖于实际的动作。例如,自行车出了毛病,不能骑了,问题在哪里?人们必须通过检查自行车的相关部件,才能确定是车胎没气了,还是轴承坏了,找出故障进行修理。这种通过实际操作解决直观具体问题的思维活动,就是直观动作思维;人们利用头脑中的具体形象来解决问题称为形象思维。例如,去城市的某个地方参观,我们会事

① 彭聃龄主编《普通心理学(第四版)》,北京师范大学出版社,2012,第280页。

先在头脑中想出可能到达的道路，经过分析与比较，最后选择一条短而方便的路线。逻辑思维在学习过程中应用最多，指个体根据已有信息进行推导演算、理解归纳的思维过程。如学生学习各种科学知识、科学工作者进行某种推理判断等。

大学生的思维深度广度相较于高中生而言进一步增加，思维更加活跃，更具批判性。

（二）非智力因素

智力因素以外的心理成分都可称之为非智力因素。其中一些是观念体系方面的，有理想、信念、价值观、人生观等；一些是反映一般心理水平的，有动机和需要、兴趣、性格、气质等。美国心理学家曾对 1500 名超常生进行了长达 50 年的追踪研究，对其中 150 名最有成就者和最不成功者进行了详细分析比较。结果发现，两者在智力水平上并没有什么大的不同，最大的差别在于：有卓越成就者都有坚持力，有为实现目标而不断积累的自信心，能够克服自卑等，最不成功者则缺少这些性格特征。一个人平常表现的活动能力水平，与经过激发可能达到的活动能力水平，两者之间大约有 60%的差距。这说明非智力因素对智力的制约作用之大，超过了一般人的想象。

1. 动机

学习动机是激发个体进行学习活动，维持已引起的学习活动，并使学习行为朝向一定学习目标发展的一种内在过程或内部心理状态。[①] 动机研究一直是心理学中的热点，在各类关于动机的研究中，通常会将学习动机进行分类。其中最为常见的一种分类，是将动机区分为内在动机和外在动机。内在学习动机是由学习过程本身所诱发出来的动机；而外在动机是

① 李雄鹰主编《大学生心理健康教程》，西安交通大学出版社，2019，第 57 页。

由学习过程之外或之后的刺激诱发出来的动机,个体所追求的需要通过外在的附属物得到满足,并不由学习过程本身所给予。[①] 具体来说,内在动机是个体为了寻求挑战和乐趣,满足好奇心而参与活动的倾向;而外在动机是个体为了活动本身之外的其他因素,如奖励、他人认可和评估、完成指示、与他人竞争等而参与活动的倾向。

以往人们总倾向于认为动机强度越高对行为的影响越大,工作效率也越高;反之,动机强度越低则工作效率越低。但是事实并非如此,动机强度和工作效率之间的关系并不是一种线性的关系,而是倒 U 型曲线关系。考试中的怯场就是由于动机过强所造成的。因此,增强动机也需要在一定限度范围内。心理学家的研究表明,各种活动都存在一个最佳的动机水平。动机不足或者过分强烈,都会使工作效率下降。研究还发现,动机的最佳水平随任务性质的不同而不同。在比较容易的任务中,最佳动机水平会高一些,即动机水平越高越有利于任务完成;随着任务难度的增加,动机的最佳水平有逐渐下降的趋势,也就是说,在难度较大的任务中,比较低的动机水平是有利于完成任务的。

2. 意志

意志知情意的最后一个环节,个体在认知驱动下,会产生相应情感体验,并伴有相应的意向行为。意志是个体确定目标,并调节自身行为实现目标的心理过程。个体意志品质的差别体现在自觉性、果断性、坚韧性、自制性四个方面。自觉性表现为个体明确、深刻地认识行动目的的正确性和重要性,并围绕目标积极主动地支配自己的行动,不会轻易受到别人的影响,没有自己的追求目标和独立见解;果断性表现为个体善于迅速地判明情况,适时而且合理地采取决定,并坚定地付之于行动,而不是作决定时优柔寡断、执行决定时动摇拖延;坚韧性表现为个体在实现目的的过程中,以

① 池丽萍、辛自强:《大学生学习动机的测量及其与自我效能感的关系》,《心理发展与教育》2006 年第 2 期。

坚忍的毅力、顽强的精神来克服困难,抵制诱惑,始终坚定不移、坚持到底来达到目的,而不是遇到困难半途而废,轻言放弃;自制性表现为个体自觉地控制和协调自己的思想、情感和行为的意志品质。而不是自由散漫、任意放纵。良好的意志品质是大学生学习的重要保障,学习需要刻苦勤勉,不可趋易避难,不可奢求轻松。一个意志坚强的人,能够以顽强的毅力克服困难,锲而不舍,勤奋刻苦,最终取得学业上的成功。反之,一个意志薄弱的人,哪怕他再有智慧和能力,一遇困难就退缩,终将一事无成。

五、大学生常见的学习心理问题

(一)学习动机缺乏

学习动机缺乏是大学生常见的学习障碍。进入大学后,相较于高中,学业压力减轻,上课方式较为多样、灵活,加上老师和家长的监督力度减弱,大学生活动自由度增加,导致很多大学生出现学习目标不明确、求知欲望和学习热情降低、逃课及迟到早退现象等。在大学生群体中,学习动机缺乏现象非常常见,有些学生能够自我调整,有些学生经过老师帮助也能够有所改变,也有学生因不重视学习或者对专业认可度低等原因一直提不起学习兴趣,而出现挂科甚至无法毕业的现象。

案例表现:目前就读于英语专业的男生杜某某是一位来自山区的家庭经济困难的学生,学业成绩一直非常优异。上大学后,感到心中茫然,学习没有动力,生活没有目标,有时候想到辍学在家的妹妹和年迈的父母恨自己不争气,可的确找不到奋斗的目标与学习的动力,学习上得过且过,生活上马马虎虎,上课打不起精神。他并不是因为喜欢上网而荒废学业,而是因为实在“没劲”才去上网聊天打游戏。

杜某某的问题在于因无法适应大学的学习方式,而导致的学习动机缺乏,需要引导其正确认识并适应大学的学习方式,培养自身自主学习能力,提高学习兴趣。

应对学习动机缺乏问题可从以下方面进行尝试:1. 正确认识学习的价值与目标。部分大学生学习动机不足是因为存在认知误区,认为进入大学后,没有高考压力,就可以放松了,对学习就不太关注了,没有正确认识大学学习的重要性。在大学阶段,接触的事物更加丰富多彩,也有机会参与各类社会实践,但大学生的本质还是学生,学习依然是大学生的主要任务。2. 进行积极归因。部分同学在遇到学业困难时,会将失败原因归结为自身能力问题,故意夸大消极影响,降低了学习热情,久而久之就容易自暴自弃。学习过程中遇到瓶颈或者退步,都是正常现象,学会合理归因,才能从失败中更好学习。3. 培养学习兴趣。兴趣是最好的老师。教师通过创新教学方式等培养学生学习兴趣,增强学生的专业认同感,有利于维持学生长时间较高的动机水平。

(二)学习焦虑

大学生的学习焦虑突出表现为考试焦虑,考试焦虑的具体表现为情绪上担忧、焦虑、烦躁不安;认知上注意力不集中、记忆力下降、思维僵化;行为上坐立不安,手足无措;身体上头痛、食欲下降、心慌、睡眠不好等。

案例表现:在中学时,胡某某的数学是弱项,所以高考就报了文学专业,不料分数线达不到文学专业分数线,结果被会计学专业录取了,高等数学和统计学是会计学的必修课,而且大二、大三两个学年都要学,这就给她带来了沉重的心理负担。每到期末考试临近,她就紧张焦虑起来,越紧张越难以入睡;白天又疲劳乏力,复习效果不佳。在考场上,因为过于紧张,平时会的题目也想不起来如何解答了,从小是乖乖女的胡某某因为考试焦虑在大二第一次出现了挂科,因为挂科甚至越来越害怕上考场,越害怕越焦虑,越焦虑越害怕,感觉自己陷入了恶性循环,十分苦恼。

案例中胡某某表现出了较为强烈的考试焦虑。考试焦虑往往和个体对焦虑事件的不合理认知相关，首先需要用 ABC 理论帮助胡某某正确认识考试，将其看成是检测自己学习结果的方式，而不是负担；并介绍一些常用的缓解焦虑的方法，如腹式呼吸、蝴蝶拍等。

应对考试焦虑问题可从以下方面进行尝试：1. 正确认识焦虑和学习效果之间的关系。考试焦虑和学习效率之间是倒“U”型的曲线关系，就是说考试焦虑处于中等程度时，学习效率最高，考试效果最好。适度的焦虑水平有利于集中注意力，而焦虑过度则会抑制个体的思维过程。2. 学习必备的应试策略。考试前做好心理层面和知识层面的充分准备，准备充足，在考场上进行记忆提取及问题解决等心理活动时才能提高效率。同时学习一些情绪放松技巧，如腹式呼吸，着陆岛技术等，帮助自己在焦虑时有效放松。

六、大学生学习能力提升

（一）学会自主学习

信息时代，互联网的普及使得知识获取越来越便捷。且随着科学迅速发展，知识更新速度加快，在这样的时代背景下，单纯依靠教师传授知识的模式已经不再适用，自主学习的能力越来越重要。自主学习是强调学生结合教师的必要指导，积极主动地选择学什么、怎么学。进入大学后，自主学习能力越来越重要，学生需要在众多学习资源中选择，有意识地去获取知识、习得技能，选择某个领域进行深入研究。青年学生在大学毕业后，无论是继续深造，还是选择走入职场，自主学习都是必备的一项能力。目前高校教育工作也在通过“翻转课堂”“PBL 教学模式”等积极探索如何帮助学生树立自主学习意识，形成自主学习能力。

(二)设立合理的学习目标

学习目标是否明确直接影响着学习效果。它可以推动个体制订比较详细的学习计划,使个体在学习过程中集中注意力,有效增强学习动机,提高学习效率。在设立学习目标时,可以分别设立总目标和阶段性目标,将目标具体化、可操作化。如某大学生在入学阶段就设立了大学四年的总目标——考上名校研究生,这个总目标可以细化为若干的小目标,比如充分分析考取研究生需要学习哪些科目的知识,通常包括英语、政治、数学、专业课等,在大一到大四的学习过程中,这些课程分别怎么学习,期末考试时成绩达到什么水平;每周或每月记忆多少英语单词,阅读多少篇文章以提高语感;专业课学习如何选取自己感兴趣的领域,如何利用知网等科研工具初步开展科研工作,以促进专业知识的理解和应用等。可操作化的目标相对好实现,且一旦实现后,个体学习动机能不断强化,形成良性循环。

(三)掌握学习策略

包括记忆策略、时间管理策略等。学习过程中,记忆、思维等多项心理过程会参与其中,而掌握心理活动规律,适当运用学习策略,能够使学习事半功倍。如在记忆大段内容时,可以通过思维导图或者列提纲等方式,梳理学习内容,增强记忆效果;英语单词、公式等可以利用碎片化的时间来学习,有利于反复记忆;学习过程中做读书笔记,可以有效促进个体在学习的同时加强思考,不断深化对学习内容的理解。

(四)加强合作学习能力

学习不光是学习科学文化知识,也需要学习人际交往技巧,学习为人处世之道。合作学习是大趋势,也有利于不同个体互相启发,充分交流。学习需要理论和实践相结合,而实践部分通常需要同学们彼此配合才能完成。在日常心理咨询中发现，很多同学的人际关系矛盾是由于无法和同学共同完成教师所布置的小组作业所导致，表现为不积极参与、无法和他人合作、跟不上小组成员进度等。提高合作学习能力，是当代大学生适应时代要求的必要选择。

第二节　实践活动

一、团体心理辅导——“学习能力提升”团体心理辅导方案

团体目标：以学习为探讨主题，帮助学生认识到时间管理重要性、提升学习自控力。

团体性质：以提升学习能力为主的发展性、结构性同质团体。

团体领导者：专兼职心理健康教师。

参加对象：各年级学生。

开展时间：不限。

团体活动时间：预计 2 小时。

团体计划书：见表 5-1。

表 5-1 “学习能力提升”团体心理辅导计划书

活动阶段	活动目的及内容	时间	准备工具
开场	1. 活动目的 引入主题,体会学习的乐趣。 2. 活动内容 心理放松操。心理放松操是以“天天向上”为背景音乐,根据樊富珉的“十巧操”改编的一套身心放松操,学生坐在课桌前即可完成。通过心理放松操,能够活跃团体氛围,同时体验到学习带来的身心放松。	20分钟	视频、音乐
暖身	1. 活动目的 帮助成员认识时间管理的重要性。 2. 活动内容 一分钟的价值。具体操作方法:成员按小组坐好,每个小组一张白纸,小组成员头脑风暴,尽可能多写下一分钟能够做多少事,如果成员觉得困难,领导者可以加以启发,比如一分钟可以背诵 8 个单词等,写完后,每个小组选派一名代表向其他成员介绍。	20分钟	纸、笔
分享我的学习同心圆	1. 活动目的 帮助成员认识时间管理的重要性。 2. 活动内容 学习同心圆。每位成员准备一张白纸,用笔在纸上画出四个大小不同的同心圆,由外到内依次标上 1、2、3、4。第 1 圈:自己在学习中常常感到很有成就感但很少对别人讲的一件事。第 2 圈:学习中每想起就感到做起来很困难但又很少对人讲的一件事。第 3 圈:学习状态,相互解答彼此的学习困惑。自己希望达到的学习目标。第 4 圈:自己对自己在学习中能力表现的看法。分享彼此的答案,了解同伴的学习状态,相互解答彼此的学习困惑。	30分钟	纸笔若干
时间管理大师	1. 活动目的 帮助成员合理规划时间。 2. 活动内容 我的 24 小时。具体操作方法:请每位同学根据自己的学习目标制订学习计划,以 24 小时为单位,为达成学习目标,理想中 24 小时如何安排,并分享;随后,再根据自己真实生活学习状态梳理一下 24 小时是如何安排的,做对比,找差距。	20分钟	彩笔、纸张

续表

活动阶段	活动目的及内容	时间	准备工具
舒缓减压	1. 活动目的 学习减压技巧,帮助缓解学习压力。 2. 活动内容 放松减压训练。[1] 指导语如下:我仰卧在水清沙白的沙滩上,沙子细而柔软。我躺在温暖的沙滩上,感到舒服,能感受阳光的温暖,耳边听到海浪声音,感到温暖舒适。微风吹来,我有说不出的舒畅感觉。微风带走我的思想,只剩下一片金黄的阳光。海浪不停地拍打海岸,思维随着节奏飘荡,涌上来又退下去。温暖的海风吹来,又离去,带走了心中的思绪。我感到细沙柔软、阳光温暖、海风轻缓,只有蓝色天空和大海笼罩着我的心。阳光照着我全身,身体感到暖洋洋的。阳光照着我的头,我感到温暖和沉重。 轻松暖流,流进右肩,感到温暖沉重。呼吸变慢、变深。轻松暖流,流进我右手,感到温暖沉重。轻松暖流,流进我右臂,感到温暖沉重。又流进我的后背,感觉温暖沉重。从后背转到脖子,脖子感到温暖沉重。我的呼吸变慢、变深。轻松暖流,流进我的左肩,感到温暖沉重。轻松暖流,流进我的左手,感到温暖沉重。又流进我的后背,感觉温暖沉重。从后背转到脖子,脖子感到温暖沉重。呼吸变慢、变深。轻松暖流,又流回左臂,感到温暖沉重。 我呼吸变慢,变得轻松。心跳也慢,有力。轻松暖流,流进右腿,感到温暖沉重。呼吸变慢变深。轻松暖流,流进左腿,感到温暖沉重。呼吸变慢、变深。轻松暖流,又流回右腿,感到温暖沉重。 呼吸变慢,越来越深,越来越轻松。轻松暖流流进腹部,感到温暖轻松;流进胃部,感到温暖轻松;最后流到心脏,感到温暖轻松。整个身体变得平静。心里安静极了,已经感觉不到周围的一切,四周好像没有任何东西。我安然躺在大自然中,十分自在。	20分钟	椅子、轻音乐

① 樊富珉主编《结构式团体辅导与咨询应用实例》,高等教育出版社,2015,第159页。

续表

活动阶段	活动目的及内容	时间	准备工具
我的学习寄语	1. 活动目的 为学习树立目标。 2. 活动内容 团体成员每个人写下 100 字左右的学习寄语，来鼓励鞭策自己不断努力学习，可以是原创的，可以是自己非常认同的名人名言。并相互分享。	10分钟	纸、笔

二、主题班会

主题：轻松学习、快乐成长。

适用人群：适用于各年级学生。

地点：室内。

形式：谈论、分享。

目的：了解心理发展特点，掌握学习规律方法。

过程：

1. 引入故事

(1)渔王的儿子

有个打鱼人有着一流的捕鱼技术，被人们尊称为“渔王”。然而“渔王”年老的时候非常苦恼，因为他的三个儿子渔技都很平庸。

于是他经常向人诉说心中的苦恼：“我真不明白，我捕鱼的技术这么好，我的儿子们为什么这么差？我从他们懂事起就传授捕鱼技术给他们，从最基本的东西教起，告诉他们怎样织网最容易捕捉到鱼，怎样划船最不会惊动鱼，怎样下网最容易请鱼入瓮。他们长大了，我又教他们怎样识潮汐，辨鱼汛……凡是我长年辛辛苦苦总结出来的经验，我都毫无保留地传授给了他们，可他们的捕鱼技术竟然赶不上其他渔民的儿子！”

一位路人听了他的诉说后，问：“你一直手把手地教他们吗？”

“是的，为了让他们得到一流的捕鱼技术，我教得很仔细、很耐心。”

“他们一直跟随着你吗？”

“是的，为了让他们少走弯路，我一直让他们跟着我学。”

路人说：“这样说来，你的错误就很明显了。你只传授给了他们技术，却没传授给他们教训，对于才能来说，没有教训与没有经验一样，都不能使人成大器！”

（2）天才数学家华罗庚

华罗庚[①] 1910 年 11 月 12 日出生于江苏金坛县。他幼时爱动脑筋，因思考问题过于专心常被同伴们戏称为“罗呆子”。初中毕业后，华罗庚曾入上海中华职业学校就读，因拿不出学费而中途退学。此后，他顽强自学，用五年时间学完了高中和大学低年级的全部数学课程。

1930 年，华罗庚以一篇论文轰动数学界，被清华大学请去工作。

他用了两年的时间走完了一般人需要八年才能走完的道路，华罗庚 1933 年被破格提升为助教，1935 年成为讲师。

1936 年，他经清华大学推荐，派往英国剑桥大学留学。1938 年回国，受聘为西南联合大学教授。

1984 年 4 月 30 日华罗庚在美国正式接受美全国科学院授予的外籍院士称号。

他一生硕果累累，是中国解析数论、典型群、矩阵几何学、自导函数论等方面的研究者和创始人，其著作《堆垒素数论》更成为 20 世纪数学论著的经典。

请同学们分享对于以上两则故事的阅读感受。

2. 分享关于学习的名言警句

学会做人（learn to be）。

---

① 华罗庚（1910—1985），中国科学院院士，数学家。

学会做事(learn to do)。

学会与人相处(learn to be with others)。

学会学习(learn how to learn)。

帮助大学生树立正确学习观,学习并不是只针对课堂教学,而是有更为深刻广泛的内涵。引导学生树立终身学习的理念,提升自主学习的意识。

3. 智慧对对碰

请同学们分享在学习过程中遇到过哪些问题,如何应对,彼此相互学习,共同提高。

三、咨询案例

案例一:曹某某,女,大三学生。辅导员老师反映,该生最近情绪低落,主要原因在于三点:一是不喜欢目前专业,想要退学;二是人际关系矛盾;三是家庭经济压力。家长认为相比学业而言,身心健康更重要,所以对于该生退学的想法并不反对。推荐其进行心理咨询。

咨询过程中,刚开始学生表现出阻抗行为,表示没什么好说的。对于是否退学也不想说。咨询师通过共情、倾听等技术,学生慢慢愿意和咨询师交流,表示自己人际关系矛盾和家庭经济压力并不是导致自己心情不好的主要原因,主要是不喜欢专业,无法融入环境,没有归属感。自己心情低落,过一段时间就会不开心,有时也会有自杀想法,但不会实施。咨询师站在她的角度上为其分析了退学的利弊,并表示不能在情绪不好时作决定,要先让自己情绪平和一些,再决定是否退学。建议她调整好生活作息,散散心,疏导下情绪,有事及时和老师沟通。

案例二:来访者目前为研究生一年级学生,自述进入研究生阶段后,导师要求严格,自己也非常努力。有时无法达到老师要求,会被老师批评;同时担心自己英语六级无法通过;论文撰写没有头绪,感觉压力比较大。讲述自己比较敏感,对不喜欢的人或事物,情绪波动比较大。

咨询师为来访者介绍了 ABC 理论,引导来访者正确看待压力事件,改变不合理信念,焦虑情绪就会有所缓解;同时鼓励来访者,走出舒适圈,调整自身状态,主动适应环境,和老师同学勤沟通,增强执行力。

案例三:宁某某是一名大二学生,为辅导员推荐咨询。辅导员反映该生性格较为孤僻,没有什么朋友,与人交往不太主动,喜欢安静。推荐咨询是因为该生刚刚与父母沟通休学事宜,双方意见不统一,导致情绪不稳定,甚至以死威胁。咨询开始阶段,询问其情绪状态,宁某某即表示哭过之后情绪平稳一些。辅导过程中得知,该生不喜欢目前的专业,认为就业前景不好,有休学想法。计划休学一年,到社会上工作挣学费以实现自己退学复读考取更好大学计算机专业的想法,且意愿强烈。表示对目前专业不感兴趣,在高考刚结束时就有复读想法,但父母一直不同意,拖到现在。因为休学问题数次与父母发生争执。表示这段时间与父母先沟通着,自己也多考虑考虑,等过一段时间再启动休学手续。咨询结束时,该生表示情绪有所好转,并承诺有问题及时与辅导员、心理中心沟通。咨询师同时叮嘱辅导员密切关注,有问题随时与心理中心沟通,叮嘱辅导员与其父母沟通,在父母与该生电话沟通过程中,注意避免言语过于激烈,以免引发情绪波动。后期辅导员与该生父母沟通过程中发现,其父母为人较为强势,与该生关系并不亲密。学校数次与其父母沟通该生目前心理状况,其父母最终本着尊重宁某某自身意愿的原则,同意其申请休学。

第六章　情绪管理

第一节　理论基础

情绪是心理活动的晴雨表，与我们的身心健康密切联系。积极情绪意味着身心状态良好，消极情绪则预示着出现了适应不良现象，需要加强自我心理调适。如中医认为肝气宜条达舒畅，肝柔则血和，肝郁则气逆。如果个体情绪长期郁愤，会导致肝气郁结，引起生理功能紊乱，出现烦躁易怒，头昏目眩等症状，消极情绪也是诱发高血压、冠心病、胃溃疡等疾病的重要原因，即所谓的"暴怒伤肝火上头"；再如"思虑过度伤脾胃"，思虑过度会伤及脾胃功能，脾伤则吃饭不香，睡眠不佳，日久则气结不畅，百病随之而起。思虑过度，容易使神经系统功能失调，消化液分泌减少，出现食欲下降、郁闷不舒等症状。大学生情绪反应丰富且强烈，很多大学生由于没有充分掌握合理的情绪调适方法而影响自身学习、生活及身体健康。针对大学生开展情绪管理相关教育是心理育人工作的重要课题。

一、情绪概述

情绪犹如空气一样，时刻陪伴在人们左右，个体总是处于不同的情绪状态中，平静、激动、焦虑、轻松、快乐、难过……情绪已成为生活学习工作的重要底色，使人们更深刻地体会到人生百态。

情绪是以个体愿望和需要为中介的一种心理活动。[①] 客观事物是情绪的源泉,与此同时与需要紧密相连。当客观事物满足人们的需要时,个体就会产生积极的情绪体验。如他乡遇故知、久旱逢甘霖等符合人们的主观需要,人们就会对之采取肯定的态度,产生满意和愉快的内心体验;相反,当客观事物不能满足人们的需要时,就会产生消极的情绪体验,比如,情侣吵架、考试不及格等,此时人们会产生愤怒、失望、苦恼等情绪体验。

情绪包含内在体验、外在表现和生理变化三个因素。[②] 1. 内省的情绪体验是人对情绪状态的自我感受,它不是对客观事物本身的反映,而是带有主观色彩的反映。比如:考上大学了,感到很高兴;生活中遇到了志同道合的朋友,感到很欣慰;无端遭到攻击,感到愤怒。体验具有主观性,如同样是丢了钱包,对于家庭富裕的学生来说,可能不会有特别强烈的不开心,而对于家庭经济困难学生来说会非常难过。再比如,比赛获胜,朋友会高兴,而对手会感到失望。因此,情绪体验是具有主观性的。2. 情绪是一种心理变量,需要通过面部表情、姿态表情、言语表情表现出来。面部表情通过眼部肌肉、颜面肌肉和口部肌肉来表现人的各种情绪状态。在面部表情中,最值得注意的是目光的运用。俗话说“眼睛是心灵的窗户”,“眉目传情”“暗送秋波”“瞠目结舌”都是说不同的目光表达的不同的感情。心理学家曾研究真笑和假笑时面部表情的区别,结果显示当人表达真正的微笑时,面颊上升,堆起眼周围的肌肉,同时大脑左半球的电位活动增加;当人假笑时,并不感到愉快,仅仅是为了表示礼貌,这时仅是嘴唇的肌肉活动,下颚下垂,大脑左半球电位活动不明显。真笑和假笑表情比较明显的区别就在于眼周肌肉的变化和眼睛的状态及神采;姿态表情通过四肢与躯体的变化来表现人的各种情绪状态,可分为身体表情和手势表情。如高兴时手舞足蹈;愤怒时暴跳如雷;恐惧时不寒而栗;后悔时捶胸顿足,惊慌时手足

---

① 彭聃龄主编《普通心理学(第四版)》,北京师范大学出版社,2012,第 406 页。

② 彭聃龄主编《普通心理学(第四版)》,北京师范大学出版社,2012,第 407 页。

无措等。言语表情通过音调、音速、声音的响亮程度的变化来表现各种情绪状态。如高兴时语调激昂，节奏轻快；悲哀时语调低沉，节奏缓慢，声音断续且高低差别很少；愤怒时语言生硬，态度凶狠。3. 情绪的生理变化是指情绪产生时人们身体的各系统器官会发生相应的生理变化和物理反应。例如，恐惧和愤怒时，会出现心跳加快、呼吸短促、血压升高、肾上腺素分泌增加、胃腺分泌减少、交感神经系统活动亢奋等一系列的生理反应。从进化心理学角度来看，这些生理变化更有利于个体面临突发情况时，做出防御、逃跑或对抗的准备，更有利于个体生存发展。情绪的生理变化主要集中于呼吸系统、循环系统、肤色皮温和外分泌腺。测谎仪的原理即与情绪发生时个体的生理变化相关。人在说谎时生理上的确会发生一些变化，有一些肉眼可以观察到，如出现抓耳挠腮、腿脚抖动等一系列不自然的人体动作。还有一些生理变化是不易察觉的，如呼吸速率和血容量异常、脉搏加快、血压升高、皮下汗腺分泌增加、眼睛瞳孔放大、肌肉紧张、颤抖等。这些生理变化受植物神经系统支配，所以一般不受人的意识控制，而是自主运动。测谎仪利用这一现象，一般从三个方面测定一个人的生理变化，即脉搏、呼吸和皮肤电阻。其中，皮肤电阻最敏感，是测谎的主要根据，通常情况下就是它“出卖”了心里的秘密，测出了谎言。

二、情绪的功能

（一）情绪影响身体健康

情绪对一个人的身心健康具有维护作用。“笑一笑，十年少；愁一愁，白了头。”情绪影响机体的免疫力、内分泌和神经系统功能。良好的情绪可使机体生理机能处于最佳状态，使免疫抗病系统发挥最大效应，抗拒疾病的袭击。而经常紧张忙碌、忧虑多思会使人体出现失眠、脱发，甚至神经衰弱等症状。对不良情绪进行控制、引导,代之以积极乐观的情绪,不但能够提高生活质量,也能够有效防止身体疾病。随着时代发展,人们越来越意识到情绪对于身体的重要影响,很多大型医院也设置了心身医学科,集中诊治情绪引起的失眠等功能性障碍。

(二)情绪能使个体更好地适应发展

动物遇到危险时产生恐惧感,恐惧感驱使它逃跑或者呼救,这就是动物求生的一种手段。当有危险的外在刺激出现时,我们会产生害怕的生理反应和感受,促使我们有更多的能量觉醒并逃走,达到保护自己和家人的目的。而当有外力要侵犯我们时,发怒就能够吓退敌人,或者争取到生存空间。在婴儿早期,不具备独立的生存能力和言语交际能力,这时婴儿主要依赖情绪来传递信息,与成人进行交流,得到成人抚养。成人也正是通过识别婴儿的情绪反应,及时为婴儿提供各种生活条件。在成人世界中,情绪直接反映他们的生存状况。如愉快情绪表示处境良好,而痛苦情绪表明处境困难,需要调节。人们也通过情绪情感进行社会适应过程,如用微笑表示友好。当个体对他人造成伤害时,内疚感促使他去道歉,维护人际关系等。

(三)情绪能够传递心理信号

情绪是一个人心理活动的晴雨表。积极情绪往往预示着个体心理状态、生活状态良好,需继续维持;消极情绪则预示着个体心理状态、生活状态不佳,需及时调整。同时,情绪也可以在人际交往中起到传达信息和态度的作用。比如和熟悉的人之间,一个眼神就知道对方是想传达什么,这时表情就起到了信号功能。中国有句古语,“出门看天色,进门看脸色”,意思就是说通过观察别人的情绪反应,领悟到别人对自己的态度。

（四）情绪影响其他心理活动

积极情绪能使一个人的感觉、知觉变得敏锐、记忆力增强，对待客观事物往往更容易看到其闪光点；而消极情绪则使人产生悲观意识、失去希望和渴求，更容易产生攻击行为。人在消极情绪状态下其判断能力、决策能力往往也会受到影响，所作出的决定往往是非理性的。

三、大学生情绪特点

大学生正处于青年时代，充满理想和希望，情绪情感种类丰富，情绪反应强度大、变化快，情绪调控能力相对较弱。具体而言，呈现出如下特点。

（一）敏感性

虽然说大学生的认知和自我控制能力有了一定的提高，相较于少年时期情绪也趋于稳定，但和成年人相比，大学生还是相对敏感，情绪起伏较大，时而激动，时而平静。一句善意的话语，一个感人的故事，一支动听的歌曲，一首情理交融的诗词，都可以致使青年情绪发生变化。

（二）高强度

在许多情况下，大学生的情绪容易被激发，犹如疾风暴雨不计后果，带有很大冲动性。青年学生往往年轻气盛，情绪来得快去得也快。加之大学生自制力较弱，一旦出现某种强烈的外部刺激，情绪便会突然爆发。

（三）阶段性

大学阶段由于不同年级培养目标和培养重点不同，教育方式和课程设置有所区别，各个年级面临的问题不同，大学生的情绪特点也不同，呈现出阶段性特点。大学新生面临环境适应、学习方法改变和人际关系改变等问题;大二、大三年级经过大一的适应过程,能够融入校园,情绪比较稳定。大四学生面临毕业论文和择业等问题,压力大情绪波动大,消极情绪多。

(四)外显性与内隐性

就大学生整体水平而言,在情绪特点上,表现为乐观、活泼、开放、热情、精力旺盛等。相对于成年人,大学生的情绪反应比较外露和直接,而相对于中小学生,大学生又会有意识地隐藏。例如,对异性萌生了爱慕之情,明明很在意对方,有好感,希望在一起学习、交流,却无法有效表达,往往留给对方的印象是冷漠、回避和不友好。

四、大学生常见的情绪困扰

(一)焦虑

焦虑的本质上是忧虑和不安,对于一些无法预知的或者自己没有把握的事情将要发生时,个体感到自己无法有效应对而产生的紧张感。

引发焦虑的因素可以分为现实因素和心理因素。现实因素是指具体的生活事件,如新环境适应困难、学业压力、人际矛盾等,学期初和学期末考试周是大学生焦虑情绪出现的高峰期,部分大学生面对具体生活事件,会出现不同程度的焦虑;心理因素指由于个体认知所引发的焦虑情绪。容易被焦虑困扰的大学生常常在头脑中存在着许多不合理的信念,这些不合理信念会增加个体的心理压力,结果使自己像负重行路一样疲惫不堪,比如,认为自己绝对不能失败,或者认为失恋了就不能活了。类似的观念使个体感受到灾难来临,心理压力被无限夸大。

消除焦虑的最好方法是正视它,接纳自己的焦虑和紧张情绪,不回避、不排斥，不去想自己的焦虑，把注意力放在自己要做的事情上，焦虑自然就克服了。在面临考试和比赛的时候，每个人都会有一定程度的焦虑，带着焦虑去做该做的事情，当事情完成之后，会发现不过如此，下次面临同样情境的时候，就不会那么焦虑了。有位心理学家在某次体操比赛前测试运动员的焦虑水平。结果发现无论是得胜者还是失败者在赛前的焦虑程度是一样的，他们的差别仅仅在于面对焦虑的态度。那些后来表现欠佳的运动员把注意力全部放在了担心上，担心自己表现不好该怎么办，从而陷入一种恐慌状态。表现良好的运动员一般都不去想自己的焦虑，而是把注意力放在自己要做的事情上，从而克服了焦虑。

此外，调整认知、积极行动也能够有效应对焦虑。部分个体产生焦虑是因为存在糟糕至极等不合理信念，将事情的消极后果夸大，造成了思想负担和心理压力，这种情况下需要帮助个体认识到其不合理信念，并调整认知，以达到缓解焦虑情绪的目的。积极行动也是应对焦虑的有效方法，当个体存在拖延等不良行为习惯时，很多任务未解决就会引发焦虑感，此时积极行动是消除焦虑的最好方法，很多事情眼愁手不愁，积极行动起来，往往发现并没有那么难。

（二）抑郁

抑郁是感到压抑和忧愁的情绪，是一种感到自己无力应付外界压力而产生的消极情绪，常常伴有厌恶、痛苦、羞愧和自卑等情绪体验。抑郁情绪是大学生群体中的常见情绪，一般来说，性格内向孤僻、不善交际、不爱表达、忧思多虑的大学生更容易陷入抑郁状态。

当被抑郁情绪困扰时，个体可以通过改变不良认知进行调节，比如有些大学生在遭遇考试失败时，会倾向于错误归因、消极认知，认为“自己能力差，一无是处”，如果善于正向思维，客观找到考试失败的原因，抑郁情绪就会有所缓解；当个体无法有效调节自身情绪状态时，可以通过向他人倾诉来寻求帮助,当局者迷旁观者清,有时经过家人朋友的开导,心情就会好起来;此外,需要合理宣泄不良情绪,通过写日记等方式,将心中的烦闷表达出来,避免长期压抑导致不良情绪堆积。

(三)愤怒

愤怒是由于客观事物与人的主观愿望相违背,或因愿望无法实现时,人们内心产生的一种激烈的情绪反应。心理学研究表明,当愤怒发生时,可能导致人的心跳加快、心律失常、高血压等躯体性疾病,同时还会使人的自制力减弱甚至丧失,思维受阻,行为冲动,甚至干出一些后悔不迭的蠢事。偶尔的愤怒情绪可以理解,但长期处于愤怒情绪中,会导致个体身心健康、人际关系、学业事业发展受损。

愤怒的发生常常就是因为人们主观地认为某些事情应该怎么样不应该怎么样,而结果却是相反的,认为现实生活就应该像自己想象的那样发展,这种主观性的思维往往会让自己钻牛角尖,是引发愤怒的重要根源。人生不如意十有八九,如能平静地接受这一事实,认同这是正常的人生体验,人才会变得豁达开朗,对许多事就不会那样容易发火了。且对自己对他人都不应该过于挑剔苛责,没有人是十全十美的,也没有人是不犯错的,彼此宽容,互相谦让,能够有效减少人际矛盾产生,避免产生愤怒情绪。

(四)嫉妒

嫉妒是指他人在某些方面胜过自己引起的不快甚至是痛苦的情绪体验。具体表现为当看到他人学识能力、品行荣誉甚至穿着打扮超过自己时个体内心产生的不平、痛苦、愤怒等感觉;当别人深陷困境时则幸灾乐祸,甚至落井下石,在人后恶语中伤、诽谤。英文中有句谚语:嫉妒之箭射向他人的同时,也伤害了自己。嫉妒情绪是害人不利己的。

避免嫉妒心理,首先需要做到具有正确的自我认知和开阔的视野与心胸,进行正确归因,认识到每个人都有自己的特点和长处,别人取得优异成绩的背后也付出了很多常人没有看到的努力和辛苦;其次需要丰富自己的生活,嫉妒他人的人往往执着于生活的某个方面,自己的生活不够丰富多彩。可通过参加各种有益于身心的活动,充实生活,开阔眼界。

五、情绪管理

不良情绪不仅不利于个体的身心健康、妨碍学业事业发展,而且情绪具有一定的"传染性",也会给他人造成一定困扰。心理学中的"踢狗效应"体现了这一点:有个小男孩心情不好,在路边遇到一条小狗就狠狠踢去,吓得小狗狼狈逃窜;小狗无端受了惊吓,见到一个西装革履的老板便汪汪吠叫;心情不好的老板在公司里逮住他的女秘书大发雷霆;女秘书回家后把怨气一股脑撒给了莫名其妙的丈夫;第二天,这位身为教师的丈夫如法炮制,对自己一个不长进的学生一段臭批;挨训的学生,也就是前面的那个小男孩怀着恶劣的心情放了学,归途又碰见了那条小狗,二话没说一脚向小狗踢去……在生活中,人们都喜欢和正能量的人交往,尽量避免和负能量的人长期接触,也是这个道理。正能量的人往往能够带动自己的积极情绪,负能量的人往往会让自己感到压抑。有效进行情绪管理,能够切实提高个体心理素质,形成融洽的人际关系。

(一)理性情绪疗法

情绪的产生与个体的认知密切相关,同一件事情,不同个体会产生不同的情绪反应,其原因就在于认知不同。认知是人们看待事物的方式,它包括一个人的思想观点、思维模式、是非标准、对人对事的基本信念等。美国心理学家艾利斯于 20 世纪 50 年代创立了 ABC 理论,该理论认为情绪不是由某一诱发事件本身引起的,而是由经历了这一事件的主体对这一事件的解释和评价引起的。如同样只面对半杯水,乐观的人说,还有半杯水呢,太好了,总比没有强;而悲观的人说,只剩半杯水了,不够喝怎么办呢?乐观的人会保持积极的心情,而悲观的人会因此失望和焦虑。艾利斯的这一理论在古代学者就已经认识到,但是并未提出系统的理论。莎士比亚提出:世事无好坏,思想使之然。而我们中国古语讲道:天下本无事,庸人自扰之。个体对事件的认知至关重要。ABC 理论中,A 指 Activating events,诱发性事件;B 指 Beliefs,是遭遇诱发性事件后相应而生的信念,即对这一事件的看法、解释和评价;C 指 Consequences,指在特定条件下,个体的情绪和行为表现。A 引发 B,B 导致 C,而 A 和 C 之间并无直接联系。即诱发性事件只是引起情绪和行为的间接原因,而人们对诱发性事件所持的信念,看法才是引起情绪及行为反应的最直接原因。例如,两个大学生甲和乙一起走在校园里,迎面碰到一个认识的同学,但是对方没有和他们打招呼就径直走了。甲对此是这样想的:“他可能正在想事情,没有注意到我们;就算是看到了我们而没有打招呼,也可能有什么特殊的原因。”而乙却有不同的想法:“他是故意不理我,他是看不起我,他有什么权利这样对我?”前者觉得无所谓,继续做自己该做的事情,而乙怒气冲冲,以至于无法平静下来做自己的事情。案例中,甲和乙面对的情景都是熟人没有打招呼,这是 A。甲的认知是“他可能在思考什么事情或者有其他的原因”,所以甲的反应很平静,并未引起什么情绪波动;乙的认知是“他是故意的,他看不起我”,所以乙感到怒气冲冲,无法平心静气地干其他事情。同一件事情 A,不同的 B 导致了不同的 C。可见,个体的认知至关重要。一个人的认知能力会受到他的思维习惯、所处环境、所受教育和经历等诸多因素的影响,难免会出现认知失真甚至错误的时候。如果一个人总是持有不合理的信念,就有可能长期处在不良情绪中,最终会导致情绪障碍。艾利斯总结了 11 种不合理信念,最常见的不合理信念有三种,分别是绝对化的要求、过分概括化和糟糕至极。

1. 绝对化要求

绝对化的要求是非理性信念中最常见的,表现为从自己的主观愿望出发,认为某一事件必定会发生或不会发生,然而客观事物的发生往往不依个人的主观意志所转移,常出乎个人的意料,因此怀有这种看法或信念的人极易陷入情绪的困扰。这种信念通常是与“必须”“应该”“绝对”等字眼联系在一起。如“我必须成功!”“别人必须很好地对待我!”“所有的人都必须喜欢我!”等。

2. 过分概括化

过分概括化是指对事件的评价以偏概全,一方面表现为对自己的非理性评价,常凭自己所做的某件事的好坏或某一方面的优劣来评价自己为人的价值,其结果常导致自暴自弃、自责自罪,认为自己一无是处,一钱不值而产生焦虑抑郁情绪。另一方面是对别人的非理性评价,别人稍有差错,就认为他很坏,一无是处,其结果导致一味责备他人,并产生敌意和愤怒情绪。如某次考试后,某位大学生认为:我这次考试竟然失败了,我将永远不会有什么作为。

3. 糟糕至极

糟糕至极是指个体认为事件的发生会导致非常可怕或灾难性的后果。这种非理性信念常使个体陷入羞愧、焦虑、抑郁、悲观、绝望、不安、极端痛苦的情绪体验中而不能自拔。例如,我必须考上大学,现在竟然没考上,天下再没有比这更可怕的事情了! 我是个毫无用处的窝囊废。

有时候这些非理性信念并非很容易觉察到。它们可能已经形成了自动的思维模式。当消极情绪出现时,个体需要认真思考,是不是自己的认知出现了错误。

在 ABC 理论的基础上,艾利斯提出了理性情绪疗法(REBT)。该疗法认为,个体的情绪和行为反应是与他的认知密切相关的,那么要改变不良的情绪就要着手于改变不合理的信念,理性情绪疗法的核心思想就是通过采取一定的策略,让个体意识到自己不合理信念的存在,并对不合理信念进行辩驳,使合理信念取代不合理信念,这样可以帮助个体有效地改变消极的情绪和行为反应。换一个视角,情绪会大有不同。理性情绪疗法(REBT)的内容可以用ABCDE来概括。其中,ABC的含义与ABC理论中的相同,D是指Disputing irrational beliefs,与不合理信念辩论;E是指New emotive and behavioral effect,通过辩论后达到的新的情绪和行为后果。B和D是我们可以控制的,也是最为关键的步骤。使用理性情绪疗法来改善情绪,最为重要的就是让个体认识到两点:第一,自己的行为是由自己的不合理信念引起的;第二,学会与不合理信念辩驳。

不合理信念的辩驳有两种主要的方式。第一,通过质疑或者夸张方式揭示原有信念的不合理之处。但首先要发现自己的不合理信念,比如有个同学是个急性子,一些慢性子的同学可能不是很喜欢你,刚开始可能感到很失望,要改变情绪状态,但必须认识到自己潜意识中,需要每个人都喜欢我的想法是错误的。在此基础上,可以变换另一种思考方式,例如,我又不是人民币,不是每个人都喜欢我的,这很正常。第二,认知家庭作业。认知的家庭作业能够让个体不断地练习改变自己的思维方式,因为要改变跟随十几年甚至几十年的思维习惯,并非一件容易的事情。所以艾利斯在心理治疗与咨询中提倡要不断地、反复地演练,演练过程可通过自助表格完成。RET自助表格的步骤是先让填表者找出A和C,然后寻找B,接下来就是D,对自己的不合理信念进行一一的辩驳,最后填写E,即通过自己与自己不合理信念的辩论最后产生了什么情绪和行为效果。

如将"我一定要完成某个专业证书的考试,否则会影响未来就业"等绝对化要求改变为"我希望完成某个专业证书的考试,将来能够更好就业";将"疫情真的太烦人了,生活没有一点希望"等过分概括化的倾向改变为"疫情为生活带来很多不便,但只要积极应对,总会有胜利的一天";将"封校生活太难熬了,青春都没了意义"等糟糕至极的想法改变为"封校生活虽有很多不便,但也能借此和同学多交流、多学习,学会适应环境,一切都会好的”。通过转变认知达到调整情绪的目的。

(二)转移法

每个人的生活中都会多多少少有一些不如意,有些事情的发生我们无力改变,但我们可以控制自己的想法。当这些事情发生时,尽量不去想它,转移注意力,情绪就会随着转换。

1. 做事转移法

当觉察到自己的情绪不佳时,可以选择自己喜欢的事情来做,或者做一些能让自己专心投入的事情来分散注意力,将不愉快的心情暂时忘记。感觉是随行为而动的。当事情做完时,原来造成心情不好的原因已经消失了。例如,看喜欢的书、和朋友玩、做义工、听音乐、看电影、睡觉等。

2. 运动转移法

弗吉尼亚大学心理治疗教授布朗博士研究了一百零一位沮丧的学生,将他们分为运动组和不运动组。结果发现:两星期慢跑五天,十星期就能明显地降低沮丧分值。而一星期跑三天的人,亦有同样的成绩,但在这期间不运动的人,却没有任何改变。

3. 环境转移法

不同环境往往带来新的刺激,个体被新鲜事物吸引,注意力有所转移,心情也会随之好转。例如,去海边散步、郊外骑车、登山、去差异特别大的地方旅游等。

(三)心理日记

心理日记是表达性写作中的一项技术,是个体每天或经常性地把自己所想到、遇到的事写下来,并毫无保留地表达真实想法、思考和感受,具有宣泄负性情绪的作用。[①] 心理日记的内容，长度没有要求，与一般日记的区别在于，需要记录下发生什么事件的同时，描述自身情绪感受，可以是正向积极的，也可以是负向消极的。如果个体记录的是生活中创伤性事件、压力事件及情感相关等事件，则通过心理日记可以让个体更好地看见情绪、识别情绪，能够起到较好的宣泄作用；如果个体记录的是让他感到有正向感受的事件、人物、感受，会提升其主观幸福感、自我效能感。日记的内容具有极强的保密性、非评判性，个体在记录的过程中，能够静下心来思考自己的情绪发生过程，具有良好的认知调节功能，同时，情绪通过表达，避免郁积在心中，起到宣泄作用。

（四）合理宣泄

弗洛伊德用水库来比喻情绪处理的过程。每个人的身体里面仿佛都有一座情绪水库，当负面情绪出现时就会存放在情绪水库中，如果情绪水库累积到警戒线，个体就会出现脾气暴躁，无法适当控制情绪的情形，导致容易发脾气。如果再一直恶化下去，情绪水库崩溃的结果就是出现心理问题或心理疾病。

很多人认为有情绪就表达是一种不太稳重的行为，他们希望自己很成熟，什么事情都放在心里，其实这是一种很不可取的做法。不管是谁，都应该学会表达自己的情绪。若没有及时表达，情绪积压在心里，会慢慢发酵，最终表达出来时，你可能就失去控制了。情绪是人类非常自然的反应状态。过分压抑只会使情绪困扰加重，而适度宣泄则可以把不良情绪释放出来，从而使紧张情绪得以缓解、放松。但需要注意，避免通过狂哭、狂睡、狂吃、喝酒、吸烟、生闷气、扔东西、打架等有损宣泄方式，可通过运动、唱歌、向他人倾诉、劳动甚至哭泣等合理方式进行宣泄。

---

① 辛双倩：《心理日记对大学生情绪调节效能感的干预研究》，硕士学位论文，青海师范大学发展与教育心理学专业，2020，第 5 页。

（五）觉察并接纳自己的情绪

学会理解情绪背后的心理需要和意义，不必过分抗拒或压抑。比如焦虑情绪的意义是让人们对不确定的事情产生有利于自己的行动。面临一些生活事件，产生恐慌、焦虑等情绪是正常的，这时可以给予自己相应的心理暗示，“我不是特例，很多人都和我一样，我要接纳这些情绪，好好爱护自己”。

（六）情绪稳定技术

1. 基本呼吸运动

基本呼吸运动是通过调整呼吸来舒缓情绪的一种简单易操作的情绪稳定方法，具体操作方式：缓缓地吸气（心里跟着数一、二、三），感觉空气从鼻子进入，轻轻地充满肺部，到腹部；轻柔地对自己说“我身子现在充满了平静”。再从嘴巴慢慢吐气（心里跟着数一、二、三），感受身体的变化，感受空气从腹部上升到肺部吐出。轻声温柔地对自己说“我的身体正在释放紧张”。轻轻慢慢地将上面的动作重复五次，每一天尽可能多做几次。

2. 肌肉渐进式放松

当心情紧张时，身体也会不自主地产生紧张感，相应地，身体状态紧绷或放松，对心情也有调节作用。肌肉渐进式放松正是通过身体状态变化来感受情绪放松。具体操作方式为：从手开始，握紧手，用力捏，用力捏，不要松，捏到很紧很紧坚持一会，再松开，松时感到有暖流，可以试一下顺序：手—前臂—上臂—脚（把脚勾起来）—小腿—大腿—把整个身体抱起来，抱紧，再松开。这样做会让人感觉自己对于自己的身体有控制感，增强其控制感，对恐慌心理特别有帮助。

3. 蝴蝶拍

蝴蝶拍是非常简单常用的情绪稳定化技术,它简单易学,能够提升自我效能感,增强积极情绪体验。当个体处于危机事件导致的焦虑、紧张、惶恐、缺乏安全感的状态时,可以尝试。具体操作方法:把双手交叉放在胸前,左手放在右手臂上,右手放在左手臂上,缓慢地交替着拍打,左手和右手交替拍一次为一轮,4—12 轮为一组练习。一边拍打一边想象最近比较温暖的有积极意义的事件,这个事件可以来自朋友,也可以来自能带来力量和温暖的事件。

六、情绪智力

20 世纪 90 年代,约翰·梅耶(简称梅耶)[①]等人第一次提出情绪智力的概念。此后,不同国内外学者提出了不同的情绪智力的概念。梅耶等人认为情绪智力是由情绪评估和表达能力、情绪调节能力和情绪运用能力组成的,并将情绪智力的结构发展为四个维度:情绪知觉、评价和表达的能力;情绪对思维的促进能力;理解、分析情绪,运用情绪知识的能力;对情绪自我调节的能力。[②] 国内学者王晓钧[③]等人认为情绪智力是属于情绪的认知结构,认为情绪智力中包含四个非常重要的因素,分别是对自己情绪觉知的认知能力、对他人情绪觉知的社会情绪认知能力、情绪思维能力和情

---

① 约翰·梅耶(1953—),美国新罕布什尔大学心理学教授。

② Mayer J D, Salovey P, What is emotional intelligence, In: Peter Salovey, Sluyter D J, ed. *Emotional development and emotion intelligence, educational implications.* (New York: Basic Books, 1997), pp. 3-31.

③ 王晓钧(1956—),深圳大学心理学教授。

绪的监察能力。[①] 许远理[②]认为情绪智力是一种加工情绪信息和处理情绪性问题的能力,将情绪智力作为认知智力的一个特殊部分。[③] 卢家楣[④]认为情绪智力是以情感为操作对象的一种能力,是对自己的情感、对他人的情感、对自己与他人的情感、对他人与他人的情感观察、理解、评价、预见、体验、表达和调控的能力。[⑤]

情绪智力是目前心理学领域的研究热点之一,它对于大学生身心健康发展、良好人际交往能力形成起重要作用,有研究认为情绪智力在个人成就中的比例占80%,认知智力只占20%。部分校园危机事件的发生,就是由于个别学生情绪控制能力较差,加上性格偏激,做出极端行为,酿成苦果。反之,如果个体具有良好的情绪控制能力、较高的情绪体察能力、较好的情绪识别能力,则能够在人际交往中较好地站在对方角度思考问题,良好沟通,与他人良好合作,则会产生更多亲社会行为。

大部分研究者认为,情绪智力中的某些维度是可以通过一定方法训练后得到提升的,比如自我意识、人际关系管理等,这些维度称为可发展维度。但是有些维度通过训练也依然不能获得提升,比如直觉能力、人际敏感性等,这些维度为不可发掘性维度。[⑥] 对于情绪智力的提升,目前国内外部分学者进行了相关研究。丹尼尔·高曼[⑦]等人主要针对商学院的学生提出了四阶段培训法,包括准备阶段、培训阶段、转化和保持阶段和评估

---

① 王晓钧、刘薇:《梅耶-沙洛维-库索情绪智力测验(MSCEIT V2.0)的信度、结构效度及应用评价研究》,《心理学探新》2008年第28期。

② 许远理(1960—),信阳师范学院教育科学学院院长。

③ 许远理:《情绪智力组合理论的建构与实证研究》,博士学位论文,首都师范大学发展与教育心理学专业,2004,第34页。

④ 卢家楣(1948—),上海师范大学心理学教授。

⑤ 卢家楣:《对情绪智力概念的探讨》,《心理科学》2005年第5期。

⑥ 穆念奎、罗照盛:《国内外情绪智力及其培训研究》,《赣南师范学院学报》2013年第2期。

⑦ 丹尼尔·高曼(1946—),美国著名心理学家。

阶段，并认为应该将情绪智力的四阶段培训法纳入商学院学生的日常课程中。[①] 国内情绪智力提升研究主要针对学生群体展开，有学者提出以师资力量的提高促进情绪智力培养工作，加强任课教师、辅导员、班主任、心理咨询工作者队伍建设及教育能力培养；开发并设置专门的情绪智力培养课程，如服务心理学、管理沟通、商务谈判等，加强校园文化建设，鼓励学生积极参加各种社团活动和社会实践活动，锻炼综合素质等。[②] 此外，相关研究通过设置实验组和对照组实验，发现团体心理辅导可有效提高学生情绪智力水平。团体辅导内容包括团体沙盘、涂鸦联系和拓展训练等。[③] 目前有关于情绪智力的研究大多是集中于探究其他心理变量与情绪智力之间的关系，如自我效能感、心理韧性、学习动机等与情绪智力的关系等，对于如何提高大学生的情绪智力也大多从侧面出发，对于如何系统提升学生情绪智力水平，研究并不深入，相关课程也有待丰富。

---

① Tucker, M L, Sojka, J Z, Barone, F J, Mccarthy, A. M. , "Training Tomorrow´s Leaders: Enhancing the Emotional Intelligence of Business Graduates", *Journal of Education for Business*, no. 7(2000): 331-337.

② 吴占格：《试论大学生的情绪智力培养方法》，《科技传播》2009 年第 12 期。

③ 丁璐、刘琦、肖远等：《医学生情绪智力团体培训效果研究》，《中国健康心理学杂志》2011 年第 1 期。

第二节 实践活动

一、团体心理辅导

(一)“情绪管理”团体心理辅导方案

团体目标:帮助学生正确认识情绪、识别情绪,体察情绪,学习基本的情绪调适方法。

团体性质:以提升情绪管理能力为主的发展性、结构性同质团体。

团体领导者:专兼职心理健康教师。

参加对象:各年级大学生。

针对人群:不限。

团体活动时间:预计 2 小时。

团体计划书:见表 6-1。

表 6-1 “情绪管理”团体心理辅导计划书

活动阶段	活动目的及内容	时间	准备工具
开场	1. 活动目的 引入主题,说明本次团体心理辅导的意义。 2. 活动内容 团体介绍。本次团体辅导主题为情绪管理,目的在于促使团队成员认识情绪、学习管理情绪;团员自我介绍,为自己取代号(血型、星座、个性……),说明为何给自己取这个代号,方便真诚交流。	10分钟	纸、笔

续表

活动阶段	活动目的及内容	时间	准备工具
暖身	1. 活动目的 体验情绪。 2. 活动内容 乌龟与乌鸦。具体操作方法:全体同学围成一个圈,每位同学将自己的左手食指垂直伸出,并将右手掌心向下朝下伸出,每个人的左手食指顶住左侧同学的掌心,右手掌心对着右边同学的食指,围成一个封闭的圈。主持人念一段文字,当念到“乌龟”“乌鸦”,左手食指迅速往下,以避免被左侧同学抓到,右手迅速去抓右侧同学的食指。同时,注意,左手食指只能向下移动,不能抽回。文字如下: “森林里的池塘边住了一只乌龟,它有一双乌溜溜的大眼睛。有一天有只羽毛乌黑发亮的乌鸦飞过乌云密布的天空来到池塘边,突然间下起一阵大雨,乌鸦就躲进池塘边的茅屋下。 乌鸦抬头看到有一个巫婆正在乌龟家门口直发抖,乌鸦就张嘴大叫,乌龟听到乌鸦的叫声,打开门看到底发生了什么事,乌鸦看到乌龟就破口大骂乌龟,说乌龟怎么这么笨,看到乌云就应该知道快要打雷了,为什么不赶快让巫婆进屋里躲雨。乌龟听了乌鸦的话,急忙请巫婆进屋里坐。乌鸦也跟着飞进乌龟家。 可是乌鸦看到乌龟家满地污泥,乌漆抹黑,就喋喋不休地数落乌龟,乌龟听了很生气就骂乌鸦无理取闹。乌鸦把乌龟家弄得乌烟瘴气,乌龟就叫乌鸦赶快滚到屋外去。巫婆站在那儿不知道该劝乌鸦好还是该劝乌龟好。” 当你玩游戏时,体验到了什么情绪? 在刚才的游戏中体验到的大多是激动、紧张、兴奋、愉悦等各种情绪。短短的一个游戏,就体验到了多种情绪。在生活中,情绪也每日与我们相伴。认识情绪,学会管理情绪是至关重要的。	20分钟	无

续表

活动阶段	活动目的及内容	时间	准备工具
认识情绪	1. 活动目的 认识情绪,觉察情绪。 2. 活动内容 发给成员每人一张卡片,要求成员完成下列句子。 ①我生活中最快乐的时刻:________________。 ②发笑使我感到:________________。 ③当________________________,我感到悲伤。 ④当别人哭的时候,我通常________________。 ⑤我最后一次哭的时候是______________。 ⑥在家里,令我生气的是________________。 ⑦当他人生气时,我______________。 ⑧我被误解时,我的反应是______________。 ⑨心情莫名烦躁时,我常常______________。 ⑩当得知自己的好友要来看我时,我经常_______。	10分钟	纸、笔
情绪传递	1. 活动目的 认识情绪,觉察情绪。 2. 活动内容 “传表情”的组员一行直排向前望,可坐也可站立,但不可以回头望。主持人把表情字条如“怒火中烧”,“喜笑颜开”等让最后的组员抽出一张。准备好后,并以任何方法传达字条的内容,不可发出声音。“表情”一直传到最前面一位,主持人把答案表让他选择,看看能否猜中所传表情的真正意思。每个人的传递时间为 10 秒钟。	10分钟	无

续表

活动阶段	活动目的及内容	时间	准备工具
认识情绪管理的重要性	1. 活动目的 通过故事及案例认识到情绪管理的重要意义。 2. 活动内容 故事一:1965 年 9 月 7 日,世界台球冠军争夺赛在美国纽约举行。路易斯·福克斯的得分一路遥遥领先,只要再得几分就可以稳拿冠军。在这个时候,一只苍蝇落在了主球上。此时路易斯并未在意,一挥手将苍蝇赶走了,可是,当他俯身准备击球的时候,那只苍蝇又飞回了主球上来。在观众的笑声中,路易斯又去赶苍蝇,情绪也受到了影响。更为糟糕的是,这只苍蝇好像故意和他作对,他一回到球台,苍蝇就跟着飞回主球上,引得观众哈哈大笑。 路易斯的情绪恶劣到了极点,失去了冷静和理智。他愤怒地用球杆去击打苍蝇,不小心碰到了主球,裁判判为击球,他因此失去了一轮机会。对手看到勇气大增,信心十足,最终赶上和超过了路易斯,夺走了冠军。 第二天早晨,人们在河里发现了路易斯·福克斯的尸体。他投河自杀了! 通过这个案例,我们知道有负面情绪,不能失去冷静和理智,做出过激的行为。那是不是说,有负面情绪时,我忍一忍,忍一忍过去就行了?持续的忍耐是情绪管理的有效办法吗? 故事二:这是一位大一女生的自述:“我来自一个经济比较宽裕的家庭,但是在童年中,遭遇过重大创伤性生活事件,自此之后,我再也不相信任何人,不再相信友情、爱情等。我通过努力学习离开原来的生活环境,想开始新的生活,摆脱童年生活的阴影。来到大学之后,看到同学们都快乐无忧地生活着,可是我内心的愤怒却在悄悄地滋生,我不知道如何化解这种情绪,于是经常翻同学们的书柜和床位,将他们正在看的参考书藏起来,我并不是为了看书而是想看到他们焦虑、着急的样子,我内在的愤怒便找到了宣泄口。” 怒伤肝,思伤脾,忧伤肺,恐伤肾。就像长时间焦虑的人,很容易出现头晕头痛,肩膀僵硬,胸口发闷,喘不过气来;长时间悲伤难过的人,自身身体免疫力会下降,身体格外虚弱;长时间愤怒的人,容易出现心血管疾病…… 当那些无处宣泄的情绪,无法表达的感受,以及被卡住的能量,聚集在我们的体内,我们的内在痛苦不已,却又无迹可寻。 于是,我们的身体就会以“病痛”这种可见的形式,让我们去看见问题的所在。	20 分钟	无

续表

活动阶段	活动目的及内容	时间	准备工具
分享我与情绪的故事	1. 活动目的 通过故事及案例认识到情绪管理的重要意义。 2. 活动内容 我的情绪色彩。具体操作方法为:请成员想一下最近一周自己的情绪状态。与成员确定各种颜色所代表的情绪。请成员将这一周的情绪画在纸上,纸上有一个圆圈,被平均分为 8 份,各种颜色代表这一周的各种情绪,而各种颜色的面积代表该情绪所占的比重。成员画好之后,在小组内分享。分享内容可包括:此画中的颜色分布;如此分布的原因,是否有特殊事件发生等。	10 分钟	彩笔、纸
学习情绪管理	1. 活动目的 学习情绪管理的方法技巧。 2. 活动内容 请每一位同学轮流发言,介绍一下自己在情绪管理中的有效方法。 ①结合案例介绍理性情绪疗法。 教师举例分析:最近我总处在焦虑不安和自卑的情绪中。 A. 事件:最近一次考试没考好。 B. 原想法:我真没用,不是读书的料。 C. 引发的情绪:焦虑不安、自卑。 D. 驳斥原想法的不合理性:一次失败不代表一个人永远失败,这次发挥不好也不代表我笨、没用,这一次犯了以偏概全的错误。 E. 建立理性的新想法:这次发挥不好不代表我笨,这次没考好的原因是自己没有认真复习,下次我认真做好考前准备,情况会好转。 新情绪:自信。 学生运用练习:以最近产生过的一种消极情绪为例,按上述步骤进行情绪调整,并把调整过程记录在纸上。	20 分钟	无

续表

活动阶段	活动目的及内容	时间	准备工具
学习情绪管理	②积极自我谈话。列举常见消极自我谈话,让各位成员提出相应的积极想法。 危险的自我谈话 VS 积极的自我谈话 我必须……VS 我愿意…… 这太不公平 VS 事情本来就这样 这个问题有点麻烦 VS 这是一种挑战 生活是乱七八糟的 VS 生活就是我造就的 我真没用 VS 每个人都不是完美的 我不能对付 VS 我自信我能把握 我真愚蠢 VS 我这次做得不好,下回要注意 我应该……VS 我能够…… 我有必要……VS 我想要…… 真是太可怕了 VS 真的很遗憾 是的……但……VS 也许我能…… 我不够好 VS 我能和别人做得一样好 我一向都不走运 VS 我能掌握自己的命运	20分钟	无
将快乐写出来	1. 活动目的 通过分享生活中的快乐瞬间,引导成员关注生活中的积极事件,用心感受快乐。 2. 活动内容 请每位同学写下最近自己生活中 10 个快乐的瞬间,并分享。	10分钟	无
分享心得体会	1. 活动目的 总结反馈。 2. 活动内容 每人一张纸,写下自己的心得体会,写下自己在情绪管理方面需要提高的地方,与各位同学分享。	10分钟	无

(二)"心向阳·心成长"隔离学生线上团体心理辅导方案

团体目标:帮助疫情期间集中隔离学生调适心理状态,舒缓焦虑情绪,通过线上团体辅号活动,传递温暖与爱,让学生感受到力量与支持,以更加良好的心态度过隔离生活。

团体领导者:专兼职心理健康教师。

参加对象：因疫情防控要求，正在集中隔离的学生。

团体活动：线上会议。

团体活动时间：60 分钟。

团体计划书：见表 6-2。

表 6-2 “心向阳·心成长”团体心理辅导计划书

活动阶段	活动目的及内容	时间	准备工具
有缘相识	1. 活动目的 成员之间彼此熟悉。 2. 活动内容 每个人用一句话，如：大家好，我叫 xxx，我是真诚、善良、乐观的人（描述自己的三个优势特性）。或一个小动作（如比心）向大家介绍自己以及自己当下的情绪感受状态。 依次介绍后，请几位同学分享一下自己印象最深刻或与自己最相似的另一位同学。营造积极、和谐的开场氛围。 说明团体心理辅导注意事项。在团辅开始之前，跟团体成员强调，在团体中对成员分享的内容等一切信息要保密，共同营造一个安全的团体环境。	10 分钟	手机
雨点变奏曲	1. 活动目的 活跃现场气氛，感受变化，适应变化。 2. 活动内容 ①雨点变奏曲。具体操作方法：以摩擦手掌代表风声，轮跺双脚代表雷声，手指相互拍打代表小雨，手掌相互拍打代表中雨，拍打大腿代表大雨，鼓掌加跺脚代表暴雨。 ②主持人朗读以下这段话，当读到风声、雷声、小雨、中雨、大雨、暴雨时，需要同学们做出相应的动作。 “乌云密布，一道闪电划过，雷声开始轰隆了，又一道闪电，又一阵雷声，小雨噼噼啪啪地下来了，行人慌忙躲避；很快地，小雨变成了中雨……变成了大雨……，又是一阵雷声，暴雨来了！又是一阵雷声，大雨倾盆，雨渐渐地变小了，变成中雨，变成小雨……一阵又一阵雷声，大雨又降临了！但仅仅一会儿，雨过天晴啦！”	15 分钟	无

续表

活动阶段	活动目的及内容	时间	准备工具
积极事件列表	1. 活动目的 增加积极情绪感受,引导团体成员关注生活中的积极事件。 2. 活动内容 ①带领同学们一起想一想。 积极思考1:在过去的一天或一周之中,你感到最快乐的五件事是什么? 积极思考2:在隔离期间,你都做了一些什么事情让自己能够舒服一些? 请在纸上写下来: ②分小组进行分享与讨论。 ③小组组长代表发言,交流大家在隔离期间遇到的温暖的事情和人,传递爱与力量。	20分钟	笔、纸
情绪稳定方法:腹式呼吸	1. 活动目的 体验情绪放松,掌握情绪稳定方法。 2. 活动内容 配合音乐和指导语进行腹式呼吸。具体指导语:当我们觉察自己的情绪有点焦虑的时候,可以做几次腹式深呼吸,帮助自己慢慢放松下来,建议每天都练习腹式深呼吸,助力自己养成良好心态。 练习:接下来,让我们大家一起练习,把肚子想象成一个气球,吸气的时候,我们可以想象肚子像一个气球一样被吹满了气体,随着我们吸气的深入,肚子逐渐地鼓了起来再往外胀。把手放在腹部体验一下,吸气的时候,肚子是往外慢慢地膨出的,然后吸到我们不能再吸的时候呢,我们再慢慢地把气体从肚子里面一点点地释放出来,此时我们感觉肚子在一点点地收回去,就像气球的气被慢慢放了出来,我们按照自己的节奏体会一下这样的过程。 吸气的时候慢慢地把肚子鼓起来,吐气的时候我们的肚子慢慢地往回收,再往回收,尽可能把这个过程控制得缓慢一些。好,再来一次,吸气的时候肚子像气球一样鼓了起来,可能的话,保持两秒钟。慢慢地再把肚子中的气体一点一点地释放出去,释放的时候,我们可以在脑海中想象放松的"松"这个字,并且把放松传达到自己的全身。	5分钟	音乐

续表

活动阶段	活动目的及内容	时间	准备工具
我最期待的三件事	1. 活动目的 树立抗疫信心,做好“心理防疫”。 2. 活动内容 ①与同学们共同分享隔离结束后,自己写下最期待最想做的三件小事,并进行轮流分享,每件事一句话,一共限时一分钟。 ②与同学们共同讲出:相信美好,终将到来! ③与同学们告别。	10分钟	笔、纸

二、主题班会

主题:做自己情绪的主人。

针对人群:适用于各年级大学生。

地点:室内。

形式:谈论、分享。

目的:了解识别情绪,学会有效调节情绪,科学管理情绪。

过程:

1. 认识情绪

情绪就像影子一样每天与人相随,给我们的生活带来方方面面的影响。对我们影响如此广泛的情绪,你是否了解呢?

活动:情绪知多少。事先准备写有几种常见情绪的卡片,最好是积极和消极情绪都包含。班级内同学按照小组坐好,每个小组派一名同学抽取一张情绪卡片,然后各小组用非语言形式,或者情景哑剧的方式将抽到的情绪表现出来,其他小组竞猜是哪种情绪。对表演情绪的成员以及竞猜优秀的成员可以给予小小礼物作为奖励。之后,小组成员头脑风暴,将生活中引发此情绪的事情一一罗列。最后,推荐一名成员向其他成员介绍自己小组讨论的内容。①

2. 感受情绪

伴随舒缓的音乐，选择舒适的姿势，成员放松肌肉，回想近期生活中发生的事件，并注意自己情绪上的变化。要求成员完成下列句子。

最近让我感觉高兴的事情是(　　)，当时我的心情是(　　)，现在想起这些事，我的心情是(　　)。

最近让我感觉不高兴的事情是(　　)，当时我的心情是(　　)，现在想起这些事，我的心情是(　　)。

每当心情糟的时候，我会觉得(　　)。

每当心情好的时候，我会觉得(　　)。

3. 表达情绪

此环节目标为鼓励同学们表达感情，加强与亲人朋友的连接，感受社会支持。引导成员写出对生命中重要他人曾经想说而未说出的话，如对父母说出当面不曾说出的感谢；对逝去的亲人表达思念之情；对因误会而没有机会再见的朋友表达歉意。成员运用书写的疗愈形式，梳理并表达自己的内在情感，完成自己未满足的愿望，缓解心理压力，提升身心健康。

4. 管理情绪

下面介绍一种情绪稳定技术——着陆岛技术

着陆岛技术是一种寻求和促进心理稳定的方法，如果自己对某件事情极度担心或焦虑时，可以观察自己所处的环境，有什么颜色的物体？它是什么形状？摸起来感觉手感怎么样？它在生活中有什么作用？将注意力带回到当下，聚焦此时此刻。这可以帮助我们把集中于焦虑情绪上的注意力带回当下，帮助情绪逐渐平复下来。

生活中我们会遇到各种各样的天气，有时阴有时晴，我们的情绪也会

---

① 樊富珉主编《结构式团体辅导与咨询应用实例》，高等教育出版社，2015，第153页。

如天气一般，会经常变化，不能说每个人的生活中总是阳光，没有阴霾，但出现不良情绪时，希望各位同学都能做到有效管理，不做情绪的奴隶。

三、案例分析

大三女生佟某某主动来到咨询室寻求帮助，她说："我以前学习一直很好，是班里的尖子生，到大学后成绩也很好，可不知道为什么英语四级就是考不过。我已经考了两次了，都没通过，而那些平时成绩不如我的同学都考过了。我上次考四级时，因为紧张，题目没有做完，结果没有发挥出应有的水平，又没有通过。现在我一看到英语，注意力就没法集中，越想看越看不下去。另外，晚上睡眠不太好，入睡较难，白天上课精神也不好，心里烦，食欲也差了。"

案例中的佟某某，在成长过程中一直受到家长、老师、邻居和同学的赞扬，心理认为自己是表率，是优秀的、完美的，不应该考不过四级，而那些不如他的同学考过了四级对她打击很大，根据佟某某的情况，需要改变不合理的信念，如"我必须要考得非常好，至少不能比别人差""四级没过是一件很可怕的事情"等绝对化、糟糕至极的观念，轻松对待四级没过这件事情，焦虑情绪会有所缓解。

第七章　人际交往

第一节　理论基础

一、人际关系概述

人际关系是指人们在相互交往的过程中,彼此间相互影响而形成的一种心理上和社会上的联系。人际关系反映的是人与人之间心理层面和社会层面的联系。社会层面上,表现为现实生活中的各种关系,比如朋友关系、上下级关系、母女关系等;在心理层面上,如果交往双方在交往过程中社会心理需要都能够得到满足,那么人们之间就会发生并保持一种亲近的、信赖的、友好的关系。如果一方对另一方因为某种原因表示不友好、不尊重,那么另一方就会疑虑不安,就会增加彼此的心理距离,关系变得疏远甚至敌对。

而人际关系是通过人际交往实现的,人际交往也称为人际沟通,是指个体之间通过一定的语言、文字、表情、肢体动作等手段传递信息、沟通思想、交流情感的过程。

心理学家指出个体长期不与人交流,抑郁概率会增加。必要的、良好的人际交往,是维持心理健康的重要因素。人际关系从陌生到熟悉需经历特定阶段和过程。最初,交往的双方彼此陌生,互不认识,单方(或双方)

受到对方的注意和吸引，与之彼此接近，构成表面接触。在这一阶段，接触往往是因为学业或者工作往来的需要。第二阶段，双方互动增加，开始建立了友谊。在此阶段，彼此双方愿意与对方分享信息、意见和感情。第三阶段，亲密关系建立，交往双方除交换信息和意见之外，更加注重情感的表达和交流，且在情感上互相依赖，痛苦或快乐时希望分担或分享。当一个人对对方表示友好、热情等积极的交往态度时，如果对方也给予积极的反馈，他们之间就会形成良好的人际互动关系，认为双方都有吸引力。相反，如果一方以冷漠、回避的方式对待另外一方，这种消极性反馈就会影响两人之间的继续交往，从而导致关系的破裂。

二、人际交往的功能

（一）人际交往是获取信息的重要途径

人类生存离不开信息。人既是信息的传播者，也是接收者。若个体长期自我封闭，不与他人交流，必然会造成信息更新相对滞后，为自己的生活带来种种不便。

（二）人际交往是沟通情感的必要手段

人是具有自然和社会双重属性的，不可能脱离群体而存在。需求层次理论指出，人都有归属需要，长期独处将不利于个体的身心健康和发展。医学心理学的研究结果也表明，长期独处的人，慢慢地会变得神情忧郁、变态，其寿命比乐观开朗，爱交往者短。疫情较为严重时，居家隔离的生活让很多人出现了不同程度的心理问题。主要原因：一是无法自由活动导致生活秩序被打乱；二是因为无法和他人有效沟通，情感需求无法得到满足。人是具有情感需求的，而情感需求的满足必然要通过与他人交流获得满足。

（三）人际交往是协调行为的关键方式

中国传统文化向来崇尚“团结就是力量”，当面对困难境遇时，与人合作和互相帮助往往能够顺利地克服困难。如果选择单独面对，有可能困难重重，也有可能不能达到自己的目标。高校也在有意识地培养大学生的团队合作意识，如共同完成小组作业，或者以宿舍为单位进行各类评比等。团队合作能够让个体更容易完成目标，也有助于个体反观自己不足，学习他人长处，有利于个体良好成长。

（四）人际交往是自我觉知的良好反映

“以人为镜，可以得明失”。与别人的交往往往是一面镜子，可以根据别人的评价看到自己的优势和不足，同时从别人身上学习，让自己的社会适应功能变得更加优秀。

三、人际交往相关理论

（一）相互作用分析理论

相互作用分析理论又称为 PAC 理论，该理论认为人格中有三种成分，分别是 P、A、C，分别代表父母（parent）、成人（adult）、儿童（child），每种成分的行为表现不同。[①] P 型成分以权威和优越感为特征，在人际交往中表现为统治、支配、教训，按主观意志办事，独断专行，讲话多以命令的口气，行为逻辑大多为“你应该……”“你不能……”“你必须……”等；A 型成分以客观、理智为标志，思想成熟，不感情用事，尊重他人，善与人合作。在人

① Berne, E., *Transactional Analysis in Psychotherapy*, (New York: Grove Press, 1961).

际交往中表现得成熟稳重,人际交往中惯用表达为“我个人的想法是……”;C 型成分以单纯和服从为特征,表现为像孩子一样没有主见,依赖性较强,感情用事,以自我为中心考虑问题。表达时较多使用“我猜想……”“我不知道……”等句式。这三种成分是构成人类多重天性的三部分,在每个人身上都交互存在。不同成分占优势的个体在人际交往中分别表现出相应成分的典型特征,形成人际交往的不同模式。

1. P 对 P

在这种类型中,甲乙双方都比较强势,互不让步,如甲说:“你今天必须把这个任务完成。”乙却说:“你没看我正在忙别的工作吗?你自己处理吧。”

2. A 对 A

在这种交流类型中,双方都能以理智的态度对待对方,如甲问:“你能把这项任务完成吗?”乙说:“如果没有什么干扰,我想是可以的。”

3. C 对 C

在这种类型中,甲乙双方都易诉之于感情。比如甲说:“过不到一起干脆离婚。”乙答:“离就离,谁离不开谁呢!”

4. P 对 C

在这种交流类型中,甲乙双方表现出权威和服从的行为,即甲方以长者自居对待乙方,乙方亦能服服帖帖不以为然。如甲作为上级对乙说:“这件事完不成你会受到一些处罚。”乙作为下级回答:“我尽力完成,如果无法完成,我甘愿受罚。”

5. C 对 A

在这种交流类型中,一方表现为小孩子脾气,而另一方则表现得成熟理智,因一方能迁就另一方,该人际交往模式也较为稳定。

6. P 对 A

在这种交流类型中,一方强势蛮横,一方理智忍让,关系可以维持但并不稳固。

(二)人际交往四种态度类型

该理论认为不同个体在人际交往中,存在四种隐形逻辑。[①]

1. “我好,你不好”:在人际交往中表现得狂妄自大,目中无人,强势且自负。

2. “我不好,你好”:表现为自卑怯弱,不敢交往,不敢表达自己的想法,唯唯诺诺。

3. “我不好,你也不好”:表现为悲观绝望,回避社交,常出现无助感,不想交往。

4. “我好,你也好”:表现为积极乐观,尊重、宽容他人,善于社交,在为人处世过程中奉行双赢原则,能较好地捍卫自身权利,也能适当满足他人需要。

以上理论能够帮助大学生更好理解不同的人际交往模式,有效调整自身人际交往行为,形成并维持良好的人际关系。

四、人际交往影响因素

人际交往是人与人之间的互动过程,受多种因素影响,包括认知因素、情绪因素、时间空间因素、相似性互补性因素和个性特征五个方面。

(一)认知因素

1. 对自己的认知

对自己的认知属于自我意识,自我意识会影响个体的人际关系及人格

① 窦宝玉:《人际交往自我状态分析》,《洛阳大学学报》,1994 年第 1 期。

发展。对自己评价过高和过低都不利于人际交往。自我评价过高,会让别人觉得自己骄傲自大;评价过低,则会引起自卑,导致在人际交往中畏首畏尾。

2. 对他人的认知

对他人的认知表现为各种心理效应。这些心理效应大多数已内化为个体人际交往中的习惯思维,若个体无法意识到,即使产生矛盾也难以化解。人际交往中常见的心理效应有如下几种。

(1)第一印象。第一印象往往产生于陌生人之间,是指人们初次相遇(包括间接了解)时产生的印象。这个印象往往影响对该陌生人以后一系列行为的看法,也称为首因效应。第一印象并非总是正确,但却总是最鲜明、最牢固的,并且决定着以后双方交往的过程。尽管人们知道在很短时间内,根据有限、表面的观察判断一个人往往是不全面的,但还是难以避免这种倾向,常常跟着第一印象走。当新的信息与第一印象不一致时,甚至会否定新信息而屈从于第一印象,导致了人际交往的误区。

一位心理学家做过这样一个实验:他让两个学生都做对 30 道题中的一半,但是让学生邹某某做对的题目尽量出现在前 15 题,而让学生田某某做对的题目尽量出现在后 15 道题,然后让一些被试对两个学生进行评价:两相比较,谁更聪明一些?结果发现,多数被试都认为学生邹某某更聪明。这就是第一印象效应。

(2)刻板印象。刻板印象是在头脑中先入为主的一个观念,指在人际交往中,人们往往习惯于机械地将交往对象归于某一类群体中,不管他是否表现出该类群体的特征,都把对该类群体的评价强加于他,从而影响正常的认知。它有积极影响也有消极影响。积极的作用是使认识他人的过程简化,有利于对一个人一群人做出概括性的反应。消极作用是刻板印象并不一定能够概括所有人,因为即使在同一类人中,每个人除了具有类似的特征外,还有自己的个性,二者是有差异的。比如卢某某在初次见到某个来自东北的孙某某时,受到刻板印象影响,认为东北人都是大大咧咧、风风火火的,所以在交谈时就会比较随意或者开玩笑,但孙某某虽然来自东北,其实是一位内心细腻敏感的人,卢某某毫无顾忌的玩笑会让孙某某感到十分不悦,如果没有及时沟通,两人的关系很容易因此疏远。

苏联社会心理学家曾经做过一个实验。实验者把同一个人的照片分别给两组大学生看,但看照片之前有不同的指导语。指导语告诉第一组大学生,照片上的人是一个恶习难改的罪犯;告诉第二组大学生,照片上的人是一个著名的学者,然后实验者出示照片,要求每组学生口头描述照片上的肖像。结果发现,两组大学生对同样的照片作了极为悬殊的描述。第一组大学生的描述是:深陷的双眼显露凶狠的神色,一个向外翘出的下巴显示了他在干罪恶勾当时"死不回头"的决心,等等。第二组大学生认为这双"深陷的眼睛"能够流露出深邃的思想,而"向外翘出的下巴"显示了他在求真知道路上克服困难的意志力等。

为什么两组被试对同一照片的面部特征所作出的评价竟有如此大的差异?原因很简单,是人们对社会各类人群有着一定的定型认知。把他当罪犯来看时,自然就把其眼睛、下巴的特征归类为凶狠、狡猾和顽固不化,而把他当学者来看时,便把相同的特征归为思想的深邃性和意志的坚韧性。刻板效应实际就是一种心理定势。

(3)近因效应。近因效应主要适用于熟人之间,是指在交往过程中,我们对他人的最新的认识占了主体地位,掩盖了以往形成的对他人的评价。同首因效应相反,近因效应使人们更看重新近信息,并以此为依据对问题作出判断,忽略了以往信息的参考价值。如胡某某与杜某某是小学同学,从少年期,两个人就是好朋友,双方互相了解,可是近一段时间杜某某因为家中闹矛盾,心情十分不快,有时胡某某与她说话,动不动就发火,而且一个偶然因素的影响,杜某某卷入了一起校园贷事件。胡某某认为杜某某过去一直在欺骗自己,于是和她断绝了友谊。两人因为某一件事的发生即推翻了以往对对方的认知,这就是近因效应。

(4)光环效应。光环效应又成为晕轮效应,是指在观察某人时,人们仅仅依据某人身上一种或几种特征来概括他在其他方面一些未被了解的人格特征的心理倾向。它是一种明显的由已知推未知,由片面概括全面的人际认知现象。"情人眼里出西施"就是典型的光环效应。两个恩爱的人在一起,便会觉得双方身上都是优点,没有一点点缺点。这种现象容易出现在开始喜欢上一个人的时候,其实只是喜欢上了对方表现出来的某一方面的优点,然后经过晕轮效应的扩大,才使自己觉得对方身上全是优点。

(5)投射效应。内在心理的外在化,即以己度人、由己推人,把自己的情感特征投射到他人身上,强加于人,以为他人也如此,结果往往对他人的情感、意向作出错误的评价,造成人际交往的障碍。"以小人之心度君子之腹"即为投射效应。在人际交往中,常出现这样的现象。贾某某和郭某某是关系较好的朋友,遇到某件事情贾某某擅作主张,认为郭某某一定是这么想的,但对郭某某却造成很大困扰,导致两个人出现矛盾,而贾某某却满腹委屈,明明是好心却遭到埋怨。贾某某认为,自己怎么想的,郭某某也一定是这么想的。这即是受到投射效应的影响。

3. 对交往本身的认知

对交往本身的认知,体现在对人际交往的认识上,人际交往是一个平等和彼此满足需要的过程,如果只考虑自己的需要而忽略别人的需要,就会引起交往障碍。当代大学生多为独生子女,成长过程中受到父母的过度呵护,所以在人际交往中表现得过度自我中心,认为什么事都应该顺着自己的心意,遇到分歧矛盾时,只考虑自己的立场和感受,忽略对方的需求,从而导致矛盾的产生。这即是由于没有真正认识到人际交往的本质,人际交往中,如果仅满足一方利益,时间长了必然会导致关系疏远甚至恶化。

(二)情绪因素

在人际交往中,人们都喜欢随和易相处的人。过于情绪化将不利于人际关系的形成和维持。个体往往会因为对方的不经意的表情或动作、行为,而产生情绪波动,甚至大发脾气。与其交往时,往往会小心翼翼、提心吊胆,不自觉地回避或表现出抗拒。

(三)时间空间因素

时间因素又称为熟悉性因素,是指交往的频率和机会。人际关系的由浅入深,是从相互接触和初步交往开始的,通过不断的接触,彼此相互了解,容易引发喜欢。

空间因素,又称为接近性因素,是指交往双方距离的远近。“远亲不如近邻”“近水楼台先得月”等俗语体现的就是空间因素对于个体人际关系的影响。距离越接近,交往的频率越高,越容易建立起良好的人际关系。大学生由于同住一个宿舍、在一起学习等原因,经常接触,就容易熟悉起来,建立亲密的人际关系。

时间因素和空间因素有利于建立较为亲密的人际关系,都是因为交往频率增加,彼此熟悉度增加。仅仅只是经常见到某人,就能够增强我们对他的喜欢,这种现象称之为曝光效应。在一个研究中,研究者向大学生被试展示了一些人像图片,有的图片被呈现了25次,有的只被呈现了一次,然后,让被试指出他们对照片中人物的喜爱程度。结果发现,被试看到照片次数越多,他们越喜欢这张照片上的人物。

曝光效应也是有限制的,并不是在任何情况下,曝光次数越多越好。如果一开始个体对他人的态度是喜欢或者至少是中性的,接触对增进人际吸引就有效果,但如果一开始对对方的印象是负面的话,就未必如此了。如果两个人在兴趣、需要和人格等方面有强烈冲突时,彼此避不见面,减少接触机会,就能够把冲突最小化,但是如果增加彼此之间的接触,冲突就会恶化。

一项研究考察了熟悉性因素在不同人际态度下对于彼此认同感的影

响。实验者给被试者看了三种不同类型的照片，一种是正面人物，如科学家、牧师；一种是中性人物，如穿运动 T 恤的人；还有一类是负面人物，如在警察局排成一队的人。通过考察照片呈现次数与被试对照片人物的喜欢程度之间的关系，来判定人际态度对熟悉性因素作用的影响。结果发现，对于正面人物，随着照片呈现次数的增加，个体对其喜欢程度增加；对于负面人物，随着照片呈现次数的增加，个体对其喜欢程度降低；对于中性人物，变化不明显，验证了曝光效应受到人际认知态度的影响。

（四）相似性互补性因素

相似性是指人们倾向于喜欢在态度、价值观、兴趣、背景等方面与自己相似的人。物以类聚，人以群分。志同道合的个体之间往往有较多的共同话题，容易产生共鸣，有利于亲密关系的建立。心理学家也发现在恋爱交往方面，人们往往倾向于选择与自己相似的异性为伴侣，并将这种倾向称之为“匹配原则”。

交往的互补性是指双方在交往过程中获得的相互满足的心理状态。人际吸引中的互补因素，主要发生在交往较深的朋友、恋人和夫妻之间。在生活中的交往中，当一方所具有的品质和表现出的行为正好可以满足另一方的心理需要时，前者就会对后者产生吸引力。如依赖性强的人会被喜欢照顾别人的人所吸引，害羞的人会喜欢外向而好交际的人等。

相似性和互补性看似矛盾，其实是统一的，二者所描述的心理变量不同，相似性表现在态度、价值观、兴趣、背景等方面，互补性表现在性格并行方面。如支配型的丈夫和服从型的妻子能相处得很好。但是这种互补并不是没有条件的，它需要双方有近似的价值观和目标，比如在支配—服从型婚姻中，双方之所以能够相互吸引，就是因为他们对婚姻中男性和女性的作用有着一致的或者相似的认识，这种人格特征上的互补正表明了态度和价值观上的相似和相同。对短期恋爱关系来说，熟悉、外貌以及价值观念的相似是形成人际吸引的主要因素，而对于长期恋爱关系的人来说，互补是发展密切关系的一个非常重要的因素。

（五）个人特征

影响人际关系的个人特征主要包括能力、外表吸引力、个性品质等。

1. 能力

一般来说，人们都喜欢那些有能力、聪明的人。因为与能力非凡的人交往，我们可以学到许多知识和经验，获得更多的好处。但是，当一个人的能力与我们相差很大，让我们感到可望而不可即时，这种差距就会变成一种压力，使我们敬而远之。这是因为我们喜欢有能力的人是有一定限度的，在人们可以接受的限度内，越有能力就越有吸引力，人们就越喜欢，超过一定限度的时候，人们便倾向于逃避或者拒绝，其吸引力便会下降。

学者艾略特·阿伦森[①]等人用实验证明了这一点。研究者给大学生被试呈现了四种人的讲话录音，实验提供了四个条件：1. 能力出众的人；2. 能力出众但是犯了错误的人；3. 能力平庸的人；4. 能力平庸又犯了错误的人。能力出众的表现是正确回答了难度较高的许多问题，犯错误的表现是不小心把咖啡洒到衣服上，然后让被试评价哪一种人最有吸引力，最让他喜欢。结果发现，能力出众但有错误的人被评价为最有吸引力，才能平庸而犯同样错误的人被认为最缺乏吸引力；才能出众而没有出错的完美者吸引力在第二位；平庸但没有错误的人吸引力居第三位。可见，犯错误导致了人们对有能力者更加喜欢，这被称为“犯错误效应”。

2. 外貌

虽然俗语说“人不可貌相，海水不可斗量”，但人们在人际交往中仍然很难避免外貌基础上形成对他人的印象。当其他条件相同时，我们更喜欢

---

① 艾略特·阿伦森（1932— ），美国社会心理学家。

漂亮的人。外貌之所以具有如此强的影响力,其中一个原因就是光环效应的存在,人们认为外表好的人也会有其他优秀的品质,如聪明、大方、活泼、更善于社交等,即“美即是好”这一刻板印象。人们喜欢有外貌吸引力的第二个原因是“美丽的辐射效应”,认为让别人看到自己和特别漂亮的人在一起,能够提高他们的社会形象,就像对方的光环笼罩着自己一样,能够提高自身社会形象。

3. 个性品质

一般情况下,我们总是愿意与具有优秀品质的人进行交往。与这种人交往使我们具有安全感,同时可以得到适当甚至更好的回报。具有良好个性特征的人的吸引力是持久的、稳定的、深刻的。

研究人员发现,真诚和热情是人际吸引中较为重要的两个品质,热情是影响我们对他人形成第一印象的主要特质,积极的看法通常会让我们看起来热情。当人们喜欢外部事物、赞美他们时,他们看起来很热情。相反,当人们不喜欢外部事物,持否定态度,十分挑剔时,则显得冷酷。

五、人际交往中常见的心理问题

(一)自我封闭

部分大学生在生活中习惯于独来独往,不愿意参与群体活动,显得“不合群、不随和”,出现这种现象可能是由于大学生比较自傲,不愿意与他人交往;也可能是由于大学生有很强的戒备心,少言寡语,孤僻离群,在交往中与他人存在心理屏障;或者在人际交往中,失败经验较多,怕再次受到伤害,从而造成自我封闭。无论是哪种原因,自我封闭都不利于个体的身心健康发展,久而久之,会产生各种自我意识障碍或者情绪困惑。

(二)自卑退缩

目前大学生群体中,相当一大部分个体存在不同程度的社交恐惧,表现为对自己缺乏正确认知,在交往中缺乏自信,从而在人际交往中,不敢与他人接触,不喜欢被人关注,甚至不敢和他人对视,总感觉自己不够好,怕得到来自别人的否定。在人际交往中,通常产生较多的焦虑感,致使他们自然而然回避社交,更愿意独处。

(三)缺乏技巧

很多大学生乐于、也敢于和他人交往,但往往在人际交往时因缺少技巧,导致不同程度的人际矛盾出现。这给他们带来了很大的困惑,因为固有的人际交往模式很难改变,有时他们无法认识到自己的人际交往方式有什么不妥,也无法理解他人为什么会产生愤怒或敌对的情绪,产生了人际交往困惑。

六、人际交往艺术

(一)人际交往原则

1. 真诚原则

真诚待人主要表现在为人处世言行一致,表里如一。美国一位心理学家设计了一种表格,列出 555 个描写人品的形容词,让大学生说出最喜欢哪些,最不喜欢哪些,结果评价最高的品质是“真诚”。在八个评价最高的形容词中,有六个与真诚有关,如真诚、诚实、忠诚、真实、信赖和可靠。与真诚相反的是欺骗,一个撒谎成性的人,很难和别人建立起稳固融洽的人际关系。

2. 尊重原则

包括尊重自己和尊重他人。尊重自己才能够和人对等交流;尊重他人才能够得到他人的尊重。若个体无法尊重自己的想法,在人际交往中处处迁就他人,没有自己的想法,长期如此,容易导致情绪压抑,突然爆发,反而对人际关系不利;若个体在为人处世过程中不考虑他人想法,不顾及他人感受,则在人际交往中容易引发矛盾,导致人际关系恶化。尊重他人,需要尊重对方的想法,不会将自己的想法强加于对方身上;同时要尊重对方的价值,切忌因为其某一方面的缺点而对其全盘否定。

3. 宽容原则

在人际交往过程中,由于彼此的成长环境、社会阅历、道德修养等方面存在差异,每个人的个性、兴趣爱好都各不相同,这使得在交往中难免出现观念不一致的现象。这时,不能用统一的标准去要求别人,而是要学会包容,求同存异。妄图改变别人往往是徒劳,性格不是一朝一夕形成的,要想改变并非易事,我们能做的只是允许差异的存在。金无足赤,人无完人,每个人都有优缺点,倘若对别人要求特别高,别人说错一句话、做错一件事就抓住不放,斤斤计较,不仅自己不开心,别人也会觉得很麻烦。

4. 平等原则

人际交往中的平等原则有两层含义:一是与他人交往时,需平等待人,绝对不能因为家庭、成绩、长相及能力等因素而对某个人另眼看待;二是在人际交往过程中,自己与对方是平等的。若将自身看得过高,而看低对方,则会表现得盛气凌人;若过分看低自己,无法实现与他人平等交流,则会导致自身需求及想法无法有效表达,无法建立长期融洽的人际关系。

5. 适度原则

“君子之交淡如水”,在人际交往中,保持适度原则有利于关系持久稳定。适度原则源自人际交往中的“心理距离效应”,它是指每个人的观念、文化、知识、性格等方面的差异必然会影响自身的处世态度和交际方式。如果人与人之间的交际过于亲密,这时个性差异就会明显起来、突出起来,就免不了会发生碰撞、摩擦。因此保持适当的距离,会减少不必要的摩擦,使彼此少受伤害。

6. 温和谦逊原则

中国传统文化主张和气生财,无论是经营家庭关系还是社会关系,友善随和、谦恭礼貌都是很受欢迎的特质。随和乐观的人善沟通、懂包容,与其合作或交往,往往非常轻松自在,反之,如果一个人性情古怪,脾气暴躁,十分挑剔,就会令人心生厌倦。

(二)人际交往技巧

1. 善用赞扬、巧用批评

需求层次理论指出,人有五种基本需求,其中就包括尊重需求,每个人都希望得到他人的尊重和赞美。而我们在人际交往中善于发现别人的优点,并给予适度的赞美时,往往会有效拉近两个人的距离。在表达赞美时需要具体一些,这样可以显得更为真诚。比如,赞扬某位同学,笼统地说:“我真的喜欢你”不如换成“我喜欢你今天的穿着打扮,非常有气质”“我喜欢你,因为你刚才说的那番话很真诚”等类似的表达。对对方的赞扬越具体,表明对他越了解,越容易拉近彼此之间的距离。

当在学习工作中需要指出他人的错误时,批评他人的时候应注意场合,如果我们在大庭广众下批评别人,对方很可能首先意识到自己的形象和自尊受损,而不是自己所犯的错误。这样的后果,只能是增加对方的反感和抵触,而不利于问题的解决。

2. 学会换位思考

换位思考是指充分考虑他人的想法、立场和感受,并站在对方的角度看问题。换位思考,能够有效避免人际交往中的自我中心倾向,理解别人的难处,体谅他人的不易,减少人际矛盾和冲突。许多人际矛盾是由于个体仅仅考虑自己的想法和感受,未顾及他人。当他人表达不同的看法时,便会产生敌对态度或不友好的言语和行为,导致冲突产生。

3. 经常微笑

人际沟通有三宝:微笑、认可和赞美。微笑表明了对他人的兴趣,传递了真诚和专注。在与别人争论时,微笑也能够有效减少对方的敌意,有利于化解矛盾。美国心理学家卡耐基曾说,笑容是最好的信差,能够让别人看到太阳。在人际交往中,笑容能够很有效地拉近两个人的距离。如果总是很冷漠,板着脸,容易让人产生距离感,形成不好相处的印象。

七、宿舍人际关系

宿舍人际矛盾是大学生心理健康教育中的常见问题。来自天南海北的大学生们,有着不同的生活习惯和兴趣爱好,同吃同住过程中,容易形成融洽的人际关系,也容易出现矛盾分歧。大学宿舍划分一般具有强制性,即遇到什么样的舍友往往是学校安排,大学生自己无法选择,加上 00 后大学生个性较强,从小娇生惯养,习惯了凡事以自己为中心,出现不同观点时,容易彼此互不相让,导致矛盾发生。在高校教育管理过程中,常出现因人际关系矛盾而调换宿舍的现象。

曾引发高度关注的马加爵案和复旦投毒案,都属于宿舍人际关系矛盾。在同一宿舍共同学习生活,若小的矛盾无法及时化解,日积月累容易造成关系恶化,加上案件主人公固执、极端等人格特点,酿成了惨案。这两起案件的发生,为高校教育工作带来了新的思考,主人公都属于有良好的教育背景的大学生或研究生,仅仅因为宿舍矛盾,葬送了生命和前途,不禁让人扼腕叹息。人们再一次认识到高校心理育人工作的重要性,也认识到大学生应该德智体美劳全面发展,在学习科学文化知识的同时,也学习如何进行自我心理调适,学习如何有效沟通和良好交往。

第二节　实践活动

一、团体心理辅导——“有缘相识·相伴成长”团体心理辅导方案

团体目标:帮助大学生认识到人际交往重要性,学习人际交往技巧。

团体性质:以提升人际交往能力为主的发展性、结构性同质团体。

团体领导者:专兼职心理健康教师。

参加对象:各年级大学生。

开展时间:大一到大四均可。

团体活动时间:预计 1.5 小时。

团体计划书:见表 7-1。

表 7-1　“有缘相识·相伴成长”团体心理辅导计划书

活动阶段	活动目的及内容	时间	准备工具
暖身活动	1. 活动目的 活跃气氛,增进熟悉。 2. 活动内容 用身体写名字。通过头、腰、手、腿等身体部位的动作写自己的名字,初步认识与熟悉。	5分钟	无

续表

活动阶段	活动目的及内容	时间	准备工具
天生我才	1. 活动目的 团体成员之间加深了解。 2. 活动内容 另类自我介绍——天生我才。团体成员分别按照以下句式自我介绍,通过此环节,增进熟悉度,同时也促进成员自我了解、自我认同。 我最喜欢自己的外表是( ) 同学最喜欢我的是( ) 在学习中我最有成就感的事情是( ) 我最喜欢的一门课是( ) 我最欣赏自己对学习的态度是( ) 我最欣赏自己的一次成功是( ) 我最让父母满意的是( )	15分钟	纸、笔
解开千千结	1. 活动目的 体验团队合作重要性。 2. 活动内容 解开千千结。具体操作方式为:成员 8—10 人为一组,每组成员手拉手围成一个圈,并记住自己左手和右手分别是谁,确认后松手,在圈内自由走动,领导者喊停时,成员停住,原地不动,左右手分别拉住自由走动前拉住的成员,从而形成许多结合扣。成员不能松手,可以使用钻、跨、绕等方式,解开结合扣,恢复到初始状态。	10分钟	无
无家可归	1. 活动目的 体验人际交往中人的归属需要。 2. 活动内容 无家可归。具体操作方式为:全体成员围圈手拉手,然后,领导者发出指令:“变四人一组”,成员必须按照要求组成四人组,形成新的家。或者再说别的数字,成员按规定数字再组成新的家。请那些没有找到家的人谈谈游离在团体之外的感受,大多会谈到“孤独”“孤单”“被抛弃”等,也可以请成员分享和大家在一起的感觉,大多会表达“温暖”“有力量”“安全”等。通过此活动,成员可感受到融入集体的重要性。	20分钟	无

续表

活动阶段	活动目的及内容	时间	准备工具
人际沟通原则	1. 活动目的 学习人际沟通原则。 2. 活动内容 人际交往过程中,矛盾不可避免,团体成员彼此分享处理人际矛盾的经验,并共同学习以下的沟通十原则。 ①尊重对方感受,不轻视对方。 ②自己不压抑怒气,先承认生气并正面舒缓。 ③言语绝不针对任何亲人。 ④切忌使用杀伤性词语。 ⑤不逃避问题,尽快处理,不翻旧账。 ⑥寻找冲突根源。 ⑦每次针对一个难题。 ⑧不用批评、沉默或自辩作为抗议。 ⑨学习真诚地说"对不起""原谅我"。 ⑩善于倾听。	40分钟	无

二、主题班会

(一)方案

1. 主题:了解人际交往知识,学习人际交往技巧。

2. 适用人群:适用各年级。

3. 地点:室内。

4. 形式:谈论、分享。

5. 过程

(1)认识人际交往的重要性

相关实验:孤独实验

人到底能承受多少孤独呢?1954 年,美国做了一项实验。该实验以每天 20 美元的报酬(在当时是很高的金额)雇用了一批学生作为被测者。

为制造出极端的孤独状态，实验者将学生关在有防音装置的小房间里，让他们戴上半透明的保护镜以尽量减少视觉刺激，又让他们戴上木棉手套，并在其袖口处套了一个长长的圆筒。为了限制各种触觉刺激，又在其头部垫上了一个气泡胶枕。除进餐和排泄的时间以外，实验者要求学生24小时都躺在床上，营造出了一种所有感觉都被剥夺了的状态。

结果，尽管报酬很高，却几乎没有人能在这项孤独实验中忍耐三天以上。最初的八个小时还能撑住，之后，学生就吹起了口哨或者自言自语，烦躁不安起来。在这种状态下，即使实验结束后让他做一些简单的事情，也会频频出错，精神也集中不起来了。实验后得需要三天以上的时间才能恢复到原来的正常状态。实验持续数日后，人会产生一些幻觉。到第四天时，学生会出现双手发抖，不能笔直走路，应答速度迟缓，以及对疼痛敏感等症状。之后，这个实验由于对被试者的身心有伤害而受到了批评，并且以后没有再实施过。

科学研究证明，人的身心要想正常工作，就需要不断地从外界获取新的刺激。而无论是主动或是被动，无法接受刺激或接受刺激较少的“孤独者”，最终会导致免疫力降低、体内也更容易产生与动脉硬化有关的物质。这是美国研究者公布的一项研究成果。

（2）学习如何进行沟通

相关活动：请对前座同学说出你最近遇见的高兴的事，但前座不能回头。可以听，可以回馈，但是不能回头。

目的在于让学生认识到非语言沟通的重要性。

多数学生会出现的感受为：第一，过程很累；第二，越来越没意思。第三，越来越不想讲了。原因在于虽然个体很高兴很开心地和别人分享，但是得不到对方的反馈。

在非语言信息没有被剥夺的时候，个体可能觉得没有什么特别的。但是被剥夺了之后发现，原来面对面说话，在沟通中是很重要的。

在和别人沟通时,别人回报以笑容,就说明对讲话内容感兴趣,那么倾诉者就会越来越有动力讲下去,沟通就能够持续下去。

在沟通过程中,语言只能传递一部分信息,而非语言信息,如表情、动作、语气也是传达信息的重要媒介。随着互联网发展,很多人习惯于使用微信、QQ 等网络软件进行沟通。这种沟通方式有利有弊,优点在于可以不受时间空间的限制,使沟通更为便捷,而缺点在于因为无法看到对方的表情、动作,有时无法真正理解对方想表达的内容,产生误解。

(3)人际沟通润滑剂——同理心

分享故事:妻子正在厨房炒菜。丈夫在她旁边一直唠叨不停:“慢些、小心!火太大了。赶快把鱼翻过来、油放太多了!”妻子脱口而出:“我懂得怎样炒菜,不用你指手画脚的。”丈夫平静地答道:“我只是要让你知道,我在开车时,你在旁边喋喋不休,我的感觉如何。”通过这个故事让学生体会到换位思考的重要性,并通过如下小活动练习如何表达同理心。

①角色扮演

情景一:

早晨黄某某着急出门,就把同宿舍周某某的雨伞拿走了,而没有和她打招呼,周某某知道了非常生气。

舍友吴某某说:“一把雨伞没有什么关系呀,她回来了自然会还回来的,有什么好生气的呀!”

舍友郑某某说:“你觉得生气,因为她在没经过你同意的情况下,就拿走了你的雨伞,给你的生活带来了不便。”

情景二:

临近毕业季,冯某某在外地找了一份工作,舍友陈某某则留在了学校所在地,两个人依依不舍,陈某某伤心地哭了。

舍友蒋某某说:“太夸张了,你们俩可以通过网络聊天呀,走就走吧,有什么好哭的呀。”

舍友韩某某说："你很伤心，因为工作之后，与好朋友分隔两地，两人再也不能像在校园里那样朝夕相处了。"

通过以上情景，感受人际交往中同理心的重要性，并鼓励学生总结出同理心的表达方式：描述感受+陈述事实。

②实战演练

每个人参照如上情景，选择生活中三个常见情景，并列出有无同理心分别如何表达，班级内分享。

（4）优点轰炸，感受赞美

班级成员分组，8—10 人一组，用报纸折一顶帽子，请一位成员坐在小组中央，将帽子戴在头上，接受小组其他成员的优点轰炸：小组每位成员轮流说出他的优点或令人欣赏之处，可以是性格、相貌或待人方式等方面，每个人轮流戴上帽子接受轰炸。要求必须具体真诚，不能毫无根据吹捧。结束后，小组讨论，分享被人称赞的感觉，并指出哪些优点是自己没有意识到的。

三、咨询案例

案例一：来访者杨某某是一名大二学生，于六月来到心理咨询室主动进行咨询。他自述：五月份以来，专业课老师布置了作业，要求以宿舍为单位完成，一个宿舍为一小组。在完成作业之前，已经做好了分工，但在作业完成过程中，舍友找各种理由不完成负责的任务，并对任务表现出敷衍的态度，来访者感到很郁闷，很气愤。但自己碍于面子，不能与舍友发火，又不懂如何和舍友沟通，感到愤怒压抑。

咨询师通过辅导员了解了其宿舍人际关系矛盾的原委，其舍友反映，该生在沟通作业任务时，往往较为武断强势，需要按照其个人意愿来完成，而其舍友并不认同。但来访者并不能良好沟通，并且沟通过程中较为情绪化,所以舍友们只能是按照他们自己的想法去完成作业任务,来访者便认为舍友们不配合。

咨询师建议来访者,人际交往过程中要遵循尊重原则,不能凡事自我中心,可以不认同他人意见,但一定要理性沟通,接受彼此不同的想法、接纳个体差异的存在,改变必须要求他人和自己一样的不合理信念,如此才能更好合作,顺利完成任务。

案例二:来访者袁某某自述自身性格内向,希望自己能变得活泼开朗一些。在人际交往中存在一定的社交恐惧,与人对话时不敢看对方眼睛,不喜欢主动和别人交流,不知道与别人说些什么。来访者自述自身性格形成与家庭相关,其父母在他上小学期间离异,父亲性格老实、随和,自己性格和父亲相似,家中母亲和其他家人性格都相对强势。父母离异后,自己选择跟随母亲生活,与父亲沟通少,自己也有些无法忍受母亲强势的性格,尝试与母亲沟通过,但是没有效果,只会受到批评指责。小学时经历过校园欺凌与老师打骂对自己性格也会有影响。

咨询师指出,每个人的性格形成与其成长经历、家庭背景都相关。现实我是敏感内向的,理想我是活泼外向的。要正视理想我和现实我之间的差距,正确看待内向性格,与人交往时不要过分关注自己,避免完美主义倾向;同时,可以通过参加社团活动、班级事务等,锻炼自身的人际交往能力,不要将人际交往看成一种负担,而是正确认识其意义,享受其中的乐趣。

第八章　恋爱心理

第一节　理论基础

一、爱情概述

人们对于爱情的探讨已持续千年，古往今来，关于爱情的诗句、故事也颇为丰富。不同文化背景，对于爱情的理解有所不同。威廉·莎士比亚[①]认为，爱情是感情的最高位阶。拉宾德拉纳德·泰戈尔[②]则表示，爱情是理解和体贴的别名。有人认为爱情是神圣的，甚至可以超越生死；也有人认为爱情不过是荷尔蒙作祟，转瞬即逝。大学生群体性生理发展已经成熟，性心理发展也较为迅速，很多大学生对于校园恋爱都非常憧憬，但在爱的能力方面存在个体差异，对于什么是爱，如何去爱理解得并不深入，所以恋爱过程中也容易出现各种各样的困惑。

（一）爱情定义

对于爱情，心理学中有两个定义。广义的爱情是指存在于各种亲近关系中的爱，意味着人际关系中的接近、悦纳、共存的需要以及持续和深刻的

---

① 威廉·莎士比亚（1564—1616），英国文艺复兴时期剧作家，诗人。
② 拉宾德拉纳德·泰戈尔（1861—1941），印度诗人、文学家、哲学家。

同情，共鸣的亲密感情。狭义的爱情是指心理成熟的异性个体之间的强烈的人际吸引。一般来说，大学生恋爱心理研究中，采用狭义定义。

从定义中，可以解读出爱情的若干特点。第一，爱情是在一对男女之间产生的，狭义的爱情专指异性恋。第二，爱情是在个体生理发展到相对成熟的时候产生的。性生理的成熟导致青年男女对异性产生了好奇，也渴望与异性建立美好感情。第三，爱情是一种高级情感，恋爱过程中会出现多种矛盾情绪。表现为既向往又回避，既彼此吸引又需要保持独立等。第四，爱情有其生理基础，包括性爱因素，不是纯粹的精神之恋。性的需求是人所具有的较为强烈的自然需求之一，男女之间爱情正是在这种原始动力的驱动下产生的，大学生恋爱作为一种社会交往行为，同时受生理需求和内在心理需求的驱动。第五，爱情的基本倾向是奉献的，利他的。心理学家艾瑞克·弗洛姆[①]在其专著《爱的艺术》当中指出，爱是一种主动性的活动，而不是一种被动性的情感。它是一种"自足"(standing in)而不是一种"追索"(falling for)。[②] 一般来说，可以用首先是一种给予而不是索取来描述爱的特征。衡量一个人对某异性有无爱情、强度如何，可以通过"是否发自内心，帮助所爱的人做其期待的所有事情"这个指标来衡量。

(二)爱情本质

马克思主义认为，爱情的本质是自然属性和社会属性的统一，即性爱和情爱的统一。自然属性是指性的需求。一个人随着年龄的增长，机体的成熟，性机能的完善，性意识的萌发，逐渐产生了对异性的爱慕和追求。这是爱情生物性的体现，也是爱情自然属性的体现。性驱力虽然是爱情的基础和原动力，但是人类的爱情不仅仅包括生物属性，还包括社会属性。爱

---

① 艾瑞克·弗洛姆(1900—1980)，人本主义哲学家、精神分析心理学家。

② 弗洛姆:《爱的艺术》，载朱蓉贞、林和生、等译《弗洛姆文集》，改革出版社，1997，第333—431页。

情的社会属性体现出人与动物的区别。之所以说爱情具有社会性是因为它涉及道德、责任、婚姻等内容。爱情的社会属性突出地表现在于选择另一半的过程中。选择和中意的标准不单是生物性的，而且是社会性的，在选择对象时，无论男女都不仅注意到由遗传因素决定的生物特点，而且考虑到社会地位、物质条件、教育程度、道德水准、志向等因素。

（三）爱情的内在感受及外在表现

千百年来，人们歌颂爱情、向往爱情，因为爱情能够让人产生幸福甜蜜的感觉。相关研究曾经以大学生为对象，请他们评定在现在或最近爱情关系中的不同感受及强度。结果发现，处于爱情关系中的个体，常见的内在感受有以下几种：1. 有强烈的幸福感。2. 注意力难以集中在目前所从事的学习和工作任务上，经常会想到对方。3. 有飘飘然的感觉。4. 想狂奔，尖叫。5. 在约会前感到紧张。6. 感到眩晕，无忧无虑。7. 手发冷，心慌，脊背发麻。8. 有失眠体验。在恋爱关系中，需要一些特定的“爱情语言”来表达个体自身的爱慕之情或者判断对方是否真心。情侣间常见的行为有：1. 表达爱情的口头语言。如“我爱你”“我喜欢你”等。2. 表达爱情的身体语言，如抚摸、亲吻、拥抱等。3. 倾听和分享，信任对方，愿意与对方分享自己的生活和思想；4. 有形的爱情表征，如重要节日、纪念日赠送礼物、爱情信物等。5. 无形的爱情表征，如关心对方生活，给予心理支持等。6. 表示愿意容忍对方的一些缺点，能够包容对方，有耐心。

二、爱情相关理论

(一)爱情三角形理论

爱情三角理论由心理学家罗伯特·斯腾伯格[①]提出,他认为所有爱情体验都包括三个基本的组成成分,亲密、激情、承诺。这三个成分分别代表爱情三角形的三个顶点。每对情侣的情况因三成分各自的比例不同而各不相同。[②] 亲密要素指向爱情的情感层面,指爱情关系中能让双方感到亲近、彼此紧密联系的情感。包括对爱人的赞赏,照顾爱人的愿望,自我暴露和沟通内心感受,提供物质和精神上的支持等。伴侣之间彼此喜欢、理解与期待;激情要素指向爱情的动机层面,体现为外表与性的吸引;承诺要素指向爱情的认知层面,指对方相守的意愿及决定,包含两个含义:一是指短期内爱一个人的决定,二是指长期关系中为维持这种爱而做出的行为努力和担保。能传达承诺成分的行动有誓约、忠实、共渡难关、订婚和结婚等。随着时间的变化,这三种成分变化的趋势是不一样的。激情来得快,消退得也快。承诺和亲密水平升高的慢,需要两个人共同经历、相互沟通才能建立,但是到了一定的时候,会发生质的改变,然后又会在一定的高度上缓慢继续发展。三种因素有七种组合,分别对应七种不同类型的爱情:1. 喜欢。只包括亲密要素,没有生理上的吸引和彼此共度人生的期望,如友谊关系。也可以理解为彼此的好感,异性之间的喜欢一定程度上可以作为爱情的基础。2. 迷恋的爱。彼此之间缺乏亲密和承诺,维系关系的是二人容貌上的彼此吸引或性吸引力,恋爱双方均立足于自身感受,难以经受时间

① 罗伯特·斯腾伯格(1949—),美国心理学家。

② 李朝旭:《斯腾伯格爱情的三角形理论述评》,《广州师院学报(社会科学版)》1996年第3期。

的考验。3. 空洞的爱。以承诺为主,缺乏亲密和激情。如中国古代依媒妁之言而成婚姻关系中的爱。4. 浪漫的爱。激情和亲密地组合,但没有承诺。情侣在身体上和情感上的相互吸引。5. 同伴的爱。有亲密和承诺,没有激情。爱人之间感情平淡,细水长流。如在激情过后的长久婚姻中看到的爱。6. 愚蠢的爱。有激情和承诺,没有亲密。这种爱情从相识到坠入爱河快速短暂,因缺乏亲密要素维持,激情过后常使感情迅速消退。7. 完美的爱。同时包括亲密、激情、承诺三种要素,是爱情的最高体验,但很难达到,生活中也较为少见。爱情三角形理论是爱情心理学领域中最为经典的理论,它将爱情这一感性的体验,通过结构化的方式清晰地描述出来,能够帮助人们更好地理解爱情、认识爱情、感受爱情。

(二)社会交换论

社会交换理论兴起于 20 世纪 60 年代的美国。它认为在关系间存在利益互换与考虑选择的历程,主张从经济学的投入—产出关系的视角来分析人们的行为,认为人们倾向于在人际互动中扩大受益,降低成本。[1] 该理论认为个体在选择伴侣的过程中,会在心里衡量利益和价值,既有物质的、经济的因素,也包括社会的、心理的因素。如对方能否提供物质保障,或者提供情绪价值,能否为事业发展带来帮助,是否会照顾人等。据此理论,爱情发展大概可分为四个阶段:1. 取样和评估。陌生的双方在异性群体中选择愿意交往的对象,个体会选择能给自己带来更多幸福的人做伴侣,与此同时计算自己需要付出什么,能够得到什么,当收获大于等于付出时,对方就成为自己的希望交往目标。2. 互惠阶段。在此阶段,双方尽可能交换收益,既为对方提供收益,也从对方获益,同时也会在心里衡量得失。如一起聊天,互赠礼品,共同讨论有兴趣的问题等。在交换中,双方互惠,两个人熟悉度增加,亲密感加强。3. 承诺。双方都认为相比于其他异

---

① 李思祁:《社会交换论视角下的择偶、交往与分手》,《报刊荟萃》2017 年第 10 期。

性,对方的投入产出比是最高的,停止与其他异性的交往,双方关系相对固定,开始一对一频繁交往。4. 制度化。亲密感加强,双方都希望关系能够稳定长久,希望能通过契约形式将双方关系制度化,如订婚,办理结婚手续,契约使双方关系具有排他性,彼此忠实。

对于社会交换论的评价褒贬不一,有学者认为该理论能够从认知角度有效解析恋爱心理过程,也有学者认为该理论将人看得过于理性,对于感情因素考虑较少,在爱情中,人不是机器,认知会受到感情的影响,有时即使认知层面上知道对方无法为自己提供价值,但依然无法离开,而选择长久相伴。

(三)爱情风格理论

加拿大社会学家经由文献收集及调查访谈两阶段的研究,将男女之间的爱情分成六种形态。[①] 1. 浪漫式爱情:一见钟情是这种爱的典型,外表吸引力是关键。浪漫式爱情中的个体会有类似感受,即"我和他之间有那种奇妙的生物化学反应"。这与斯滕伯格所提出的爱情三角形理论中的浪漫的爱类似。2. 占有式爱情:希望爱人完全为自己所有,控制欲较强,甚至会限制与其他异性交往,完全依赖于自己的伴侣,所以害怕被拒绝,占有式爱情中的个体会有类似想法,"如果爱人不注意我的话,我会感到整个人没有活力"。3. 最好朋友的爱:爱情经由友谊、共同的爱好以及逐步自我展露而慢慢成长起来的令人愉快的亲密关系。是指如青梅竹马般的感情,是一种细水长流型、稳定的爱。处于这种爱情中的人可能认为:"我最满意的爱情关系是从友谊中发展来的。"4. 实用式的爱:彼此都感到合适,并能满足对方的基本需求,追求满足而非刺激。普通百姓中,很多属于这种,搭伴过日子。如古代一种说法,"男子娶妻,煮饭洗衣;女子嫁汉,穿衣吃饭",描述的就是实用式的爱。5. 利他的爱情:这种爱是无条件的关怀,

---

① 侯玉波编著《社会心理学》,北京大学出版社,2002,第 148—152 页。

付出和谅解，心甘情愿为对方付出。此类爱情关系中的个体会时刻以对方为中心，他们大多有类似的心理活动，“如果我不把伴侣的幸福放在我自己的幸福之前考虑，我不会快活”。6. 游戏式爱情：这种人将爱情看成感情游戏，享受在爱情过程中的快乐，将爱情关系发展看成是游戏中的通关升级。

许多研究表明爱情中存在性别差异。男性喜欢浪漫式爱情与游戏式爱情；女性喜欢好朋友式的爱情与实用式的爱情。

三、恋爱中常见的心理效应

在男女恋爱过程中，往往会有一些看似奇怪的现象，如“为何初恋最难忘”“为什么爱情受到的挫折越多，感情越深”，等等，这些可以用心理效应来解释。

（一）罗密欧与朱丽叶效应

罗密欧与朱丽叶是莎士比亚经典名剧中的角色。二人彼此相爱，但由于双方家族的世仇，他们的爱情遭到了极力阻碍。但压迫并没有使他们分手，反而使他们爱得更深，直到殉情。当出现干扰恋爱双方爱情关系的外在力量时，恋爱双方的情感反而会加强，恋爱关系也因此更加牢固，这种现象称之为罗密欧与朱丽叶效应。

（二）古烈治效应

心理学家把雄性的见异思迁、喜新厌旧的倾向称为“古烈治效应”。这一效应在任何哺乳动物身上都被实验证明了，人为高等动物，不可避免地残留着这一效应的痕迹。这一现象有着深刻的生理、心理基础。但人有良知、有道德，这使得人类世界的爱情不仅是生理需求的满足，也有精神层面的契合，良知和道德是一个男性责任心的体现，也是维护家庭稳定、社会稳定的重要心理品质。

（三）吊桥效应

吊桥效应是指当一个人提心吊胆地过吊桥的时候，会不由自主地出现心跳加快、呼吸急促的生理反应。如果这个时候，碰巧遇见另一个人，那么他可能会错误归因，把由这种情境引起的生理反应理解为对方使自己心动，才产生的生理反应，故而对对方滋生出爱情的情愫。如“英雄救美”的情节中，被搭救的女性往往会对救人的“英雄”产生爱情，这一现象即可用吊桥效应来解释。

四、如何区分友情和爱情

心理学家在 1972 年针对大学生群体开展了一项研究，确定了爱情的三个主题：[①]依恋：需要及渴望对方的感受，希望时刻陪伴在对方身边，无法忍受分离；关怀与奉献：恋人之间会彼此高度关怀对方，愿意尽自己最大的努力使对方快乐和幸福，随时满足对方的要求；信任：愿意把自己的一切告诉对方。对于青年大学生来说，恋爱当中常常出现的一个问题是，无法有效区分爱和喜欢，如某位异性和自己接触很多，走得很近，但自己无法确定是友情还是爱情，也不清楚应以何种态度去和对方相处，从而产生烦恼。

一些学者曾对异性间的友谊和爱情的异同做过区分，综合来看，区别主要体现在五个方面。

基础不同：友谊的基础是理解，爱情的基础是感情。朋友之间若志向

---

① Rubin, Z. . “From liking to loving: Patterns of attraction in dating relationships” in *Foundations of interpersonal attraction* , T. L. Huston (Ed.) (New York: Academic Press, 1974).

不同或无共同语言，友情往往很难维系，而恋爱关系的两人，即使彼此观念不同，具有一定的感情基础时，也能够彼此磨合，互相妥协，为维系感情而作出改变。

地位不同：友谊的地位是平等，爱情的地位是一体化。在友情关系中，双方的付出和收获大致是平等的，交流也是平等的，而爱情关系中，往往会出现一方对另一方的感情投入更多的情况，而因存在爱慕之情，付出者往往是甘之如饴、心甘情愿，不会过多计较，一体化倾向更为强烈。

体系不同：友谊的系统是开放的，爱情的系统是关闭的。友谊关系不涉及专一性，同一个体，可以和不同个体建立友谊关系，在交流沟通时，二者是平等的；而恋爱关系中，具有排他性，恋人之间彼此独立又互相忠诚，关系更加紧密。爱具有独占性和排他性，在爱情关系中，第三者或多角恋是绝对不允许的，而友谊关系不涉及。

体验不同：友谊关系中，个体会体验到更多满足和信任，爱情则纠缠着不安和期待；相较于友情，爱情更为浓烈。在爱情关系中，会出现过于看重对方，而有过多期待，或者担心对方离开的恐惧感。友谊关系是一种单纯的情感体验、平稳、安静，而爱情则表现得狂热、激烈，有时会因感情而不顾理智，且与许多相互冲突的情绪有联系。此外，爱会涉及性欲，而友谊关系不涉及。

心境不同：友谊充满"充足感"，爱情则充满"欠缺感"。友情关系中，当一方为另一方付出时，被照顾的一方会感到十分满足，从而充满"充足感"。而爱情关系中，如果感情足够深厚，则总会担心为对方做得不够多，充满"欠缺感"。

对于很多大学生而言，没有经历过初恋，对于异性的好感、喜欢和爱常常无法有效区分，尤其是女大学生，心思敏感细腻，对于异性的关心，或者暧昧的言语往往会浮想联翩，而当得知对方仅仅将自己看为普通朋友时，因在不确定中已投入了较多的精力和感情，往往会感到伤心失落。所以，在大学生心理健康教育工作中,帮助青年学生正确识别友谊和爱情十分必要。

五、性心理发展

男女之间的恋爱行为是在性成熟的基础上产生的。研究恋爱心理,不可避免地需要谈论性心理发展。而目前的家庭教育和中小学的学校教育一般都是谈性色变,尽力避免,这也导致青春期的大学生们虽然好奇却又缺少相应的认识。

通常人们对于性的理解,是指动物的性欲、性能力、生殖能力,是动物天然的生理本能。但人类的性不仅如此,还加入了精神的、道德的、情感的因素。全面理解“性”可从三个层面入手:1. 生理层面,即性的自然属性,指人类的生命的诞生、性成熟、性繁衍等性生理特性。2. 心理层面,即男女两性的心理差异。男性和女性由于身体构造不同,激素分泌不同,大脑运转方式不同,所以各项心理活动也会有所区别。如女性在认知、语言能力上稍强于男性,而男性在推理和抽象能力方面强于女性。3. 社会层面:即性别角色。如一般认为男性要勇敢、坚强、果断、有力量,而女性则温柔、顺从、依赖等。

性心理发展一般经过疏远期、接近期和爱恋期几个阶段。1. 疏远期往往出现在青春期开始的少男少女身上,这时个体第二性征开始出现,性别意识开始萌芽,在他们内心深处产生了对亲密关系的向往,把男女之间的区别和关系看得很神秘,同时又缺乏相关的知识,这使得他们在与异性交往的过程中,会产生羞涩、局促或不自然的感觉,为避免这种感觉出现,彼此开始疏远起来。如在学习和活动中,男女生互不理睬,界限分明,男生和男生玩,女生和女生玩。男女同桌的学生,往往在桌上有一条三八线,以示男女有别,互不侵犯。这种对异性的疏远,实际上是青春期性意识萌发的标志，是对异性好奇心的表现，表面上的疏远掩盖了他们内心的不安。2. 接近期：异性之间的羞涩心理减少，他们已不满足于通过猜测来了解异性，而是希望通过异性交往，找到自己倾心的对象。在这种心态的作用下，开始积极参加有两性参与的活动，有意观察和接触异性，对异性的关注与友好特别敏感，在意异性对自己的看法。在各种场合，会有意无意地在异性面前显示自己的特长和优点，以博得异性的好感。3. 爱恋期：随着年龄增长，人的心理机能进一步完善，个性发展不断成熟，对异性之间的关系也有了正确的认识。此时的青年男女开始以自己的标准来选择自己理想的恋爱对象，在感性基础上也有理性认知的参与，对特定的异性表现出特别的关心，希望与对方建立恋爱关系，对其他异性的关心明显减少。

一般来说，随着生理成熟，青春期性心理的发展经历了对异性的抵触、关心到爱慕、恋爱的动态变化和发展过程。但随着社会发展，青少年的生理心理发展呈现出早熟趋势，部分初中生和高中生已有恋爱经历，少部分个体在进入大学前已有性经历，性心理发展在具有共性规律的前提下也会存在个性差异。

六、性别角色

性别角色，是指由于人们的性别不同而产生的符合一定社会期待的品质特征。性别角色是性的社会属性，与社会发展密切相关。古代社会是男耕女织的分工，在传统文化背景下，社会普遍认为男性应具备独立上进、竞争性强、敢闯敢拼等特点，即具有“男性气质”；女性则应善良细心，善解人意，通情达理、对人温柔体贴，即具有“女性气质”。凡其行为模式与社会所期望的性别角色一致，便会受到接纳和赞许；否则，会遭到周围人的冷讽热嘲或排斥。

个体从出生开始，其父母便会根据性别对其采用不同的教养方式。如根据性别购置不同颜色的衣服、玩具等。婴幼儿时期,个体语言发展不成熟,但通过观察学习,能够了解男性和女性是有不同的。随着年龄增长,个体社会活动增加,在与人交往过程中,父母及他人会有意识地按照社会期望去规范孩子的行为,如对男孩的敢闯敢拼但粗心马虎的表现采取容忍的态度,而对女孩的某些安静文雅行为则予以称赞。渐渐地,个体便知道如何规范自身言行以适应社会环境、满足父母期待,性别角色意识慢慢形成。

男性和女性的性别角色差异主要表现为以下几个方面。

(一)个性和行为方面的差异

1. 侵犯行为

男性的侵犯性强于女性。从生物学角度来看,侵犯行为受雄性激素的影响,而男性的雄性激素是女性的六倍。从社会学角度看,在原始社会,男性主要负责捕猎食物,女性则负责生育和打理家庭事务,所以侵犯好斗被认为是男性角色的重要特征,而柔弱温顺是女性角色的重要特征。

2. 支配行为

很多研究证明,男性和女性相比支配力更强。这主要是由于社会地位的高低决定的,由于历史的原因,男性由于身体更为强壮一些,一般在群体中处于高地位,女性则是处于顺从、服从的地位。

3. 自信心

一般认为女孩的自信心低于男孩。女孩的自我评价整体上要低于男孩,因此女孩往往表现出胆小、怯懦、多虑;而男孩则通常表现得比较乐观、自负、勇敢。

4. 交际

女性的交际圈子小,感情色彩浓;而男性交际圈子大,感情色彩淡。现实生活中,女性朋友之间关系更为亲密,表现为可以互相倾诉心事,也愿意花更多时间相处;而男性朋友之间交往的深度广度则往往不如女性。相较于女性,男性需要更多的独立空间。

(二)智能方面

相关研究结果发现男女两性的智力水平在统计学上并无明显差异,男女两性只是在解决问题的方式上有所不同,智力结构优势不同。在语言能力方面,女性要强于男性。表现为女性的言语启蒙一般早于男性,在幼儿阶段,女孩的表达能力一般比较好,且女性更愿意表达,男性则习惯于有些事情闷在心里。这也造成了男性女性在情绪处理方面的差异,当出现负面情绪时,女性习惯于通过倾诉来进行纾解,而男性正好相反,情绪不好时大多选择独自处理,他人询问时较多出现排斥行为。在运动技能方面,男性要强于女性,因身体构造不同,男性整体相较于女性会更强壮,也擅长运动;在空间能力方面,男性优于女性,对于空间方位、空间距离的判断,往往都比较擅长。在数学能力方面,男孩在数学推理方面优于女孩,但在数学计算方面并无太大差异。

(三)成就方面

成就可以分为学业成就和职业成就。有大量研究表明在学业成就上并不存在明显的性别特征,但在职业成就方面,男性远远高于女性,造成女性的学业成就和职业成就之间的巨大差异主要是由于性别角色的刻板印象、性别歧视以及性别角色社会化等种种社会因素共同作用的结果。在完成学业,步入职场时,单位在招聘时往往会综合考虑用人成本,女性在进入职场后面临生育问题,在执行一些急难险重任务时,往往也有很多不便。且社会普遍认为,男性应在外打拼,以事业为主;而女性应照顾好家庭,养育孩子。这就造成在应聘时,男性往往比女性更有优势。

（四）情感需求方面

在择偶偏好方面，女性更多考虑经济条件和社会地位，这意味着更多的资源、更多的机会，为后代创造更多优越的条件，同时也会在意男性的身高和是否有上进心，是否可靠及稳定；而男性则更看重女性的外表和年龄，这在某种程度上象征着生育能力，同时也会考虑女性的性格特点，即是否善良、宽容、孝顺、善解人意和较好的照顾他人能力。

在追求爱情过程中，男性比较主动和强烈，大多数男性在追求女性时，不喜欢“马拉松式爱情”，往往在初期就表现出强烈的占有欲；女性在爱情中含蓄、被动、矜持，即使心目中有了心仪的男性，一般也不主动表白，宁肯去暗示、去等待。

在爱情感受方面，男性更多关注大的方面，忽略小的细节。当觉察到女性的情绪变化时，经常百思不得其解，发出“女人心好难猜”的感慨；女性情感细腻，善于观察，要求男性的言谈举止都能符合自己的预期。不经意的话语和行为，可能会使女性伤感或大发脾气。

在爱情挫折承受力方面，面对恋爱过程中的一般争吵，男性随意坦然，一般会选择主动让步；而女性产生更多负性情绪，希望得到体贴和关心。面对失恋，男性的承受力低于女性，表现出更多的悲伤和消沉，甚至有一些过激举动。

感情需求方面，女性希望得到照顾、了解、尊重、专一、肯定和保证；而男性希望得到信任、接纳、欣赏、羡慕、认可和鼓励。男性更注重视觉感受，较多地注意女性的外表；而女性则是注重听觉感受，希望从男性那里听到更多爱情的语言。

男性和女性在感情方面有如此多的不同，这也是造成两性相处过程中经常出现矛盾的重要原因，为避免矛盾出现，就需要了解男女的性别角色差异，并多站在对方角度上看问题，学会理解和包容。

除了以上所述的几个方面，性别角色差异还表现在行为方式、情绪特点等方面。随着社会发展，女性受教育程度越来越高，其自我意识也越来越强烈，很多高知女性在职场上比男性更出色，性格品质中也有勇敢、坚韧、刚毅、强势等传统男性特征；而很多男性，在工作之余，也承担起打理家庭、照顾孩子的任务，在此过程中也表现出细腻有耐心的女性特征。性别角色变得相对模糊，“中性化”成为新潮流，男性和女性同时具有同性和异性身上的良好品质，在能力发展和问题处理上表现得更为全能优秀。

七、大学生常见恋爱问题

爱情是神圣的、令人向往的，因为从中能够体会到甜蜜与幸福，但不同个体之间的恋爱关系有所不同，在恋爱过程中，也会存在各种各样的烦恼。大学生群体对于感情的处理尚不算成熟，其情感问题更值得关注。

（一）单恋

单恋俗称单相思，是指仅仅停留在个体单方面恋爱而无法发展成为双方相恋的状态。青少年心理尚未完全成熟，单恋现象比较常见，且较多地出现在性格内向、敏感、富于幻想、有强烈自卑感的人身上。处于单恋状态的个体对倾慕对象往往十分关注，也非常渴望与其开展一段甜蜜的恋爱，在这种心理支配下，常常会把对方的言行举止按照自己的主观意愿来理解，造成对对方认知的偏差。例如，对方一个眼神、一丝微笑、一句模棱两可的话语，在第三者看来微不足道，但在当事人看来却是爱的表示，常常会引发情绪情感波动。但与此同时，由于害羞，或是胆怯，不敢向对方吐露真情，在纠结矛盾和等待中不断自我消耗。另外一种情况是，单恋的一方已经向对方表明心意，对方已经表示了明确的拒绝，但是单恋一方仍然不死心，穷追不舍，为自己和他人都造成了困扰。

(二)多角恋

俗称脚踏两只船。既是对他人的不尊重,也是对自己的不负责。教育家陶行知先生说:“爱之酒,甜而苦。两人喝,是甘露;三人喝,酸如醋;随便喝,毒中毒。”导致多角恋的原因常见的有两种。一是择偶标准不明确,在不同异性之间游移不定;二是虚荣心强,认为追求者越多,自己越优秀。无论出于什么原因,多角恋都是不道德的。爱情是具有排他性的,忠诚也是恋人之间相处的基本保障,无论是什么原因导致的多角恋,都应该尽快明确自己与对方的心意,端正恋爱动机,避免带来思想负担及心理痛苦。

(三)失恋

失恋是一种亲密关系的丧失,表现为在恋爱过程中,一方提出要终止恋爱关系,而另一方依依不舍,产生较强烈的心理挫败感。失恋是痛苦的,但同时也是一种学习,是一种成长。一份恋情可能是刻骨铭心的,令人难忘的,但它并不是生命中唯一一次恋爱的机会。失恋也并不是一件坏事,两个人如果情投意合、彼此依恋,则不会出现分手的现象。分手使我们有机会更多地了解自己,更多地了解什么是真正的爱情,什么样的恋人最合适。经历过失败的恋情,也更懂得自己适合什么样的,自己有哪些不足。当感情逝去坦然面对,承认爱与不爱是每个人的权利,恋情结束时,应给予对方尊重,给予自己尊重,然后将美好回忆留在心里。

八、恋爱艺术

根据埃里克森提出的心理阶段论,个体18—25岁,主要应对的心理危机是亲密与孤独,这个年龄段是个体探索建立亲密关系的时期。高校和社会对于大学生谈恋爱,也从最初的“明令禁止”到“不提倡不反对”再到今天的“正确指导”，在很多高校，开设了“恋爱心理学”等选修课或者讲座，非常受学生欢迎。这与社会发展和人们观念变更有密切关系，而大学生学习必要的恋爱艺术，对其自身人格成长及未来的婚姻家庭都有好处。

（一）恋爱动机单纯

恋爱的目的应该是为了寻找一个能与自己在未来的人生道路上志同道合、同舟共济的终身伴侣，绝不应该把其作为改变自己社会地位的手段。因此，恋爱动机的单纯性是获得真正爱情的前提。当然，恋爱的最终目的是走进婚姻，成家立业，需要一定的物质保障，因此，在恋爱过程中适当考虑对方的职业、相貌、家庭和经济状况等外在因素是无可非议的，但是绝不能将这些因素作为爱的主导动机。恋爱是一个逐步了解对方，发展感情的过程，而不是转瞬即逝的激情或一时的感情冲动。在了解的基础上开始的恋爱关系往往更为长久稳定。

（二）培养爱的能力

1. 表达爱的能力

向自己倾心的人表达自己的爱慕之情需要勇气和信心，当对某个人有倾慕之情时，用恰当的方式和语言表达出来是一种爱的能力的体现。若是爱意无法表达，则会造成单相思或者因错过彼此而遗憾。

2. 接受爱的能力

一个人面对别人的追求，能否及时准确地作出判断，并作出接受、谢绝或再观察的选择，这是对接受爱的能力的考验，大学生应当懂得什么是爱，知道自己喜欢什么，需要什么，适合什么，当期待的爱到来的时候，要学会判断，学会选择。而不是迷迷糊糊开始一段恋爱。

3. 拒绝爱的能力

爱情不能将就和勉强，当自己不希望的爱情来到时，要果断、勇敢地拒绝,否则,会给彼此,尤其是求爱者造成更大的伤害。在拒绝别人时,要掌握恰当的方式,尊重别人的感情,即做到态度明确、语气婉转、方式方法恰当、时机合适。在恋爱过程中,一旦发现对方不合适,需要采取适当的方式中断恋爱,如可通过面谈方式,肯定对方在恋爱时对自己的爱护和关怀,而后明确提出中断恋爱的理由,并表明自己的态度,切忌优柔寡断,给对方留有幻想;也可以通过书信或网络方式,此方法有更大的缓冲余地,措辞也更加冷静、得体;或者寻求中间人的帮助,可以对对方顺势开导、安慰。

4. 发展爱的能力

爱需要包容、理解、体谅,大学生应学会用富有成效的方式去解决冲突,学会有效的沟通,为恋人负责,为自己负责。

(三)有效化解冲突

情侣相处过程中,矛盾冲突不可避免,若处理不当,则容易为情侣双方带来情绪困惑,或导致双方关系疏远、终止。相爱容易相处难,无论是恋人还是夫妻,学习如何有效化解冲突十分重要。结合国际著名的婚恋专家、心理学家黄维仁的观点,有效化解冲突可从以下几个方面入手。

1. 先"存款"再化解冲突

传统医疗观念认为,病人动手术之前,要食补或药补以强身,来弥补手术过程中身体的亏损。恋爱过程中也有类似的原理。在相处过程中,情侣之间要给予彼此更多地关爱、照顾,不断地向共同的感情账户中"存钱"。"存款"越多,两人感情越好。而矛盾和冲突发生时,感情账户中的"存款"是流失的,若平时没有足够的"储备",则容易造成感情账户"亏空",即两人感情基础薄弱,冲突和矛盾发生时容易出现分手现象。情侣在日常相处过程中,也应该共同增进彼此感情,多"存入",少"支取"。

2. 理性沟通,避免矛盾升级

情侣在发生冲突时,因爱情是较为强烈的一种感情,往往会情绪较为激动，这会导致互相指责、翻旧账、无法就事论事等现象，甚至会出现彼此伤害的现象，如此沟通，只会“沟”而不“通”，矛盾无法解决，也往往造成双方情感上的消耗。在冲突发生时，情侣双方应保持冷静克制，本着解决问题的出发点去理性沟通，而不是只顾着发泄情绪。

（四）不断成长，学习如何去爱

爱情会帮助一个人成长，成熟的个体会更容易拥有美好的爱情，而心理不成熟的个体则容易在爱情当中产生各种困惑，遭遇挫折。在恋爱过程中，做到如下几点，更容易收获一段健康稳定的恋爱关系。

1. 独立

与爱人相处时有自己独立的思考和行为，不会毫无原则地顺从对方，失去自我。爱情很美好，但爱情不是生活的全部，在享受甜蜜恋爱的过程中，不能过度依赖，要给彼此空间。

2. 专一

爱情最忌讳三心二意，千万不能把爱情当作游戏，脚踏几只船。在爱情和婚姻中，忠诚都是底线。

3. 付出

抱着真诚的心态主动给予对方爱；只有懂得奉献的人，才会获得真正的爱情。当下自媒体发达，一些网络达人在有意无意地分享自己的感情经历，传达出一些不正确的爱情观。部分无法明辨是非的大学生受其影响，在感情中不断索取，不懂付出，导致对恋爱双方造成了困惑和伤害。

4. 尊重

爱情是两相情愿、互相尊重，包括爱人的个性特征、家庭背景、兴趣爱好、想法选择等各方面的接受；爱一个人就是接受他本来的样子，而不是刻意改变。

5. 信任

在恋爱关系中,女生往往比较敏感,见到恋人和其他异性正常交流会忍不住多想,在心里质疑或反复盘问,这会影响恋爱关系稳固程度。正确做法是应避免无休止地确认对方对自己的爱;避免无根据的多疑、猜测;给彼此一些信任和自由。

6. 欣赏

爱情的真正魅力在于相爱的人相互欣赏;使彼此获得心理上的满足。没有人不喜欢听赞美的语言,用心发现恋人的闪光点,并适当表达,有利于增强自信,也有利于感情长久。

7. 宽容

金无足赤,人无完人;爱情中要包容对方的缺憾;因为一件琐事就分手,未免是对这段感情太随意或对爱人太苛刻。长期指责、挑剔对方,其实就是将对方越推越远,正确做法是站在对方角度看问题,多理解,多包容,认识到双方都不是完美的。

神话中丘比特问爱神:“LOVE 是什么意思?”爱神说:

L——Listen,就是倾听。

O——Obligate,就是责任。

V——Valued,就是尊重。

E——Excuse,就是宽容。

爱情是人类社会永恒的主题,风华正茂的大学生们需要用心去了解什么是爱,如何去爱,发展自己爱的能力,才能拥有一生的幸福。

第二节　实践活动

一、团体心理辅导——“解读爱情”团体心理辅导方案

团体目标:帮助学生了解恋爱心理学相关知识,树立正确的婚恋观。

团体性质:以学习恋爱艺术、提升爱的能力为主的发展性、结构性同质团体。

团体领导者:专兼职心理健康教师。

参加对象:各年级大学生(团体成员16—20名,男女生各半)。

开展时间:不限。

团体活动时间:预计2小时。

团体计划书:见表8-1。

表 8-1 “解读爱情”团体心理辅导计划书

活动阶段	活动目的及内容	时间	准备工具
开场	1. 活动目的 引入主题,说明本次团体心理辅导的意义。 2. 活动内容 说明本次团体心理辅导的目的,请团体成员依次自我介绍。初步熟悉后,开展相似圈活动,通过找寻与自己具有相似特征的人,拉近成员之间的关系,增进彼此的熟悉感。相似圈具体操作方式:领导者先在小组中做示范,如“我很想知道,在我们的小组中,有谁和我一样,喜欢打羽毛球”。成员中有相似特点的人往小组中间跨一步,看看具有这个特点的人有多少,再退回到原位置。接着,顺时针,第二个成员再提问,提问的内容不限,但必须是提问者自身具有的特征,如爱吃甜食、喜欢旅游、喜欢某个明星、对恋爱有某方面困扰等。成员之间找到共同点,为进一步交流打下基础。	25分钟	无

续表

活动阶段	活动目的及内容	时间	准备工具
谈“情”说“爱”	1. 活动目的 　　分享以百字令形式出现的微情书,引发思考。 2. 活动内容 　　分享其他高校两位同学以百字令形式创作的微情书,具体内容如下: 　　微情书一(百字令) 　　见 　　惊艳 　　目流连 　　再难思迁 　　踌躇欲向前 　　只恐天上人间 　　悲欢喜怒一线牵 　　循环往复恨此心坚 　　花开花落转眼已三年 　　天人合一处垂首对漪涟 　　思或淡情未移口三缄 　　燕去燕归沧海桑田 　　倘注定有分无缘 　　亦感蒙赐初面 　　纵此生不见 　　平安唯愿 　　若得闲 　　仍念 　　歉 　　微情书二(百字令)分手版 　　忘 　　无妨 　　情本伤 　　君已成双 　　辗转夜未央 　　回首往事凄凉 　　阶前起誓旧模样 　　逝如秋叶衰似枯杨 　　离君身旁梳妆博谁望 　　落泪成珠祭此青春散场 　　卿已远情已淡伤无恙 　　安然孑立静默成长 　　再重遇旧时景光 　　嘴轻扬笑当场 　　回忆当珍藏 　　陈如佳酿 　　细回想 　　清香 　　漾 　　此后,围绕“你认为什么是爱情”这一问题,请各位成员发表自己的看法,展开讨论。	20分钟	无

续表

活动阶段	活动目的及内容	时间	准备工具
分享你眼中的理想男女生	1. 活动目的 围绕如下问题,引发团队成员思考,了解在异性交往中受欢迎的特质。 2. 活动内容 男生需回答:男性眼中的理想男性;男性眼中的理想女性;你最不能容忍的异性身上的缺点。女生需回答:女性眼中的理想女性;女性眼中的理想男性;你最不能容忍的异性身上的缺点。彼此分享。	15分钟	纸、笔
征婚启事	1. 活动目的 帮助学生认清自己的婚恋观。 2. 活动内容 每个人在纸上分别写出自己的特点以及自己期许的另一半的模样,并通过击鼓传花的游戏,选出部分同学宣读自己的征婚启事。	15分钟	纸、笔
浅谈男女之别	1. 活动目的 认识到性别角色差异,理解在男女交往过程中的矛盾来源。 2. 活动内容 请团体成员围绕男性女性在言语表达、情绪表达、思维表达、心理需要等方面的区别展开讨论。	15分钟	纸、笔
爱与沟通	1. 活动目的 通过此活动,让各位成员认识到沟通的重要性,在异性交往过程中,很多矛盾和误解都是由沟通引起,意识到有效沟通的重要性。 2. 活动内容 请任一位同学在纸上用三角形、圆形、方型、直线等画下一个图形,并对各位团体中的成员描述,这个图形是什么样的,请各位成员在纸上根据指导语来画图形,活动结束后,请大家展示自己的图形,会发现各不相同。	15分钟	纸、笔
爱情百宝箱	1. 活动目的 学习爱的艺术。 2. 活动内容 请各位同学围坐一圈,分别说出爱情中最重要的是什么,领导者写在黑板上,最后汇总大家的观点,如理解、关心、体贴、奉献等。集齐爱情百宝箱中的宝物,并祝愿大家都能收获美好爱情。	15分钟	纸、笔

二、主题班会

主题:爱情花开。

适用人群:大一到大四均可开展(可在双十一、情人节等时间节点开展)。

地点:室内。

形式:谈论、分享。

目的:认识爱、学会爱。

过程

1. 请同学们依次分享最喜欢的爱情故事或者爱情歌曲,并说明理由。通过此环节引发同学们思考,并分享彼此的爱情观念。

2. 你心中的 Ta(他或她)。你心中或许有一个朦胧的身影,又或许这个身影正在慢慢变得清晰。那么,你心中期望的 Ta 是什么样子呢?请你按顺序写下你心中的 Ta 应具备的五项特征。

3. 完成恋爱成熟度测试。

(1)你认为恋爱是为了( )。

A. 找到一个情投意合的伴侣

B. 成家过日子,抚育儿女

C. 满足性的需要

D. 刺激有趣好玩

(2)你喜欢的异性是( )。

(若你是女性,请在下面四项中选择)

A. 英俊潇洒,有男性魅力

B. 有钱有势有能力

C. 人品好

D. 爱自己的,其余的无所谓

(若你是男性,请在下面四项中选择)

A. 漂亮性感,有女性魅力

B. 贤惠能干,善于理家

C. 温柔体贴,人品好

D. 只要有爱,其余的无所谓

(3)你和恋人确立恋爱关系是因为(　)。

A. 条件般配

B. 我比对方优越

C. 对方比我优越

D. 没想过

(4)你希望恋爱这样开始(　)。

A. 一见钟情

B. 青梅竹马

C. 在工作(学习)中逐渐产生

D. 经人介绍

(5)让爱情更深一点的良策是(　)。

A. 极力讨好取悦对方

B. 尽力使自己变得更完美

C. 欲擒故纵

D. 爱情是缘分,无计可施

(6)当恋人暴露出一些缺点和不足时,你会(　)。

A. 委婉告知并帮其改进

B. 震惊意外,对其加以指责

C. 嫌弃动摇,怀疑爱情

D. 无所谓

(7)当以为比你目前恋人更优秀的异性对你表示爱慕时,你会(　　)。

A. 离开恋人接受其爱

B. 将其恋情淡化为友情

C. 瞒着恋人与其往来

D. 为迟到的爱后悔痛苦

(8)当你倾慕的异性另有所爱时,你会(　　)。

A. 一如既往地对待他(她),等其觉悟

B. 参与竞争,力争夺取

C. 抽身止步,成人之美

D. 整日后悔痛苦

(9)恋爱中的波折矛盾是(　　)。

A. 必然又必需的

B. 对恋爱的否定

C. 无聊的

D. 束手无策的痛苦经历

(10)由于种种原因,你的恋爱失败,对方提出分手,你会(　　)。

A. 千方百计抓住他

B. 到处诋毁对方名誉

C. 说声再见,各奔前程

D. 矛盾痛苦不知所措

(11)进入大龄单身贵族队列,你的恋爱态度会(　　)。

A. 一如从前,宁缺毋滥

B. 放弃追求,随便凑合一个

C. 重定更现实的择偶标准

D. 不谈爱情

表 8-2　恋爱成熟度测试分值表

	A	B	C	D
第一题	3	2	1	1
第二题(女)	2	1	3	1
第二题(男)	2	2	3	1
第三题	3	2	1	0
第四题	2	1	3	1
第五题	1	3	2	0
第六题	3	2	0	1
第七题	2	3	1	0
第八题	2	1	3	0
第九题	3	0	2	1
第十题	2	0	3	1

26—33 分:圆熟型

恋爱心理非常成熟。懂得爱的真谛。向往爱并能在现实中实现爱。就像一名竞技状态良好的运动选手,能够在爱情面前轻松舒展游刃有余;更可贵的是,即使直面失败也有良好的心态。恋爱婚姻美满幸福。

18—25 分;正熟型

满望爱的垂青,却常会屡屡失误,时难以如愿。校正一下恋爱指针,太过浪漫的往现实方向调一调,太过现实的多一些浪漫情调,幸福快乐已在眼前了。

9—17 分:待熟型

恋爱婚姻是人生的一门必修课,要取得好成绩单单凭热情是不够的,还需要专心修习,从理论到实践,再从实践到理论,一点一滴,终会水滴石穿。

3—8 分:青涩型

爱情对你而言是迷宫,是八卦站。让心理轻松开放些,爱的光线会缓缓照射进来，那时你才能体会到柔情暖意。

4. 爱情对对碰——如何看待失恋

分享心灵寓言，正确面对失恋。

心理学作家武志红的《七个心灵寓言》中，有一则关于玫瑰花和蜜蜂的寓言，内容是：玫瑰花枯萎了，蜜蜂仍拼命吮吸，因为它以前从这朵花上吮吸过甜蜜。但是，现在在这朵花上，蜜蜂吮吸的是毒汁。蜜蜂知道这一点，因为毒汁苦涩，与以前的味道是天壤之别。于是，蜜蜂愤不过，它吸一口就抬起头来向整个世界抱怨，为什么味道变了？终于有一天，不知道是什么原因，蜜蜂振动翅膀，飞高了一点。这时，它发现，枯萎的玫瑰花周围，处处是鲜花。

这一则寓言的启示是：爱情是两个人的事情，可以努力，但不是说，努力了就一定会有效果，因为另一个人，你并不能左右。所以，无论多么在乎一段感情，如果另一个人坚决要离开，请尊重他的选择。

三、咨询案例

案例一：林某某，女，22 岁，在学校学习刻苦，成绩优异，大一时曾被评为三好学生。随着年龄增长，对异性的倾慕与日俱增，盼望早日有白马王子的出现。当她向本专业的一名男生诉说感情时，遭到对方的婉言拒绝。寒假时她忍不住给那位男生写了一封信邮寄到男生家中，但那位男生已经约请同学一同返校离开家了，他的哥哥便把这封信原封不动地“加急”转寄到了学校。信到学校之后，同寝室的同学误拆了信件。此事被公开，消息一传出，原本内向、忧郁的林同学，心情更加沉重了，心里的矛盾也更大了。为此，她整天精神恍惚，萎靡不振，夜不能寐，觉得丢了面子，做了件丢人的事。看见同学们在一起说笑，她就以为在取笑她，她便上前去和同学们解释，可自己又说不明白，搞得满城风雨。由此，经常剧烈头痛，胸中憋闷,度日如年,无法集中精力学习。

当求爱被拒绝后,林某某一方面感到自己的行为是有愧于父母的;另一方面感到自尊心受到伤害,在同学中抬不起头,产生了焦虑和抑郁甚至出现了轻生自杀倾向。事实上她追求自己的爱情、向心中的恋人勇敢讲出自己的真心话,这是大胆追求美好生活的表现,并没有什么过失,更没有错,不应该自责。但是,爱情是相互的,每个人都有爱和不爱的权利,不能得到一个人的爱情,不等于失去所有异性的爱情。天涯处处有芳草,何愁他人不识君。居里夫人 19 岁时曾经爱上一位英俊而富有的大学生,由于家庭反对,那位大学生无力反抗,使居里夫人不得不承受失恋的痛苦。居里夫人当时也很痛苦,但她懂得理智地控制自己的感情,集中全部精力投入科学研究中,获得了新的科学发现,并在以后找到了自己新的爱情。

案例二:雷某某,女,20 岁,某学校大三学生。学习成绩中等,乐于参加各项志愿服务工作。某天凌晨,突然在宿舍内大喊大叫,有轻生念头。宿舍同学随即报告老师。待学生情绪平静后,了解到该生是由于联系方式被男友拉黑删除而出现的过激的情绪反应。其男友为同一学校学生。据该女生描述,其男友对其拉黑删除已有几十次,每次都是自己通过买东西、承认错误等方式来挽回,在男友面前感觉自己很卑微,男友说自己长相一般,身材也不好,自己也总觉得配不上男友。男友对自己的态度时好时坏。目前男友已无意再继续这段感情,但女生放不下,通过抓头发、捶桌子、扔东西等各种方式发泄情绪,不愿接纳现实,甚至有轻生的想法。

由于该生已出现轻生想法,此案例归于危机干预范畴。在校内,需要校心理中心、二级学院和班级心理委员、宿舍心理联络员同时关注;在校外,需要及时通知家长,并帮助联系校外医疗资源。根据专业建议,该生需要服用药物帮助稳定情绪及心理状态,24 小时密切看护,情绪稳定后,需要进行长程心理治疗帮助其树立正确的感情观、建立正确的依恋模式。

第九章　挫折应对

第一节　理论基础

一、挫折概述

“人生之不如意十有八九”，每个人的生活中都会有内容不同、程度不同、形式不同的挫折存在。有些大学生无法正确面对挫折，生活中遇到困难就自怨自艾、自暴自弃，甚至出现轻生的想法和行为，这都是因为对于挫折没有正确认识，未形成应对挫折的正确态度。

在心理学中，挫折是指一种情绪状态，是个体在从事有目的的活动过程中，遇到了难以克服或自以为无法克服的障碍或干扰，致使个人动机不能实现，需要不能满足时所产生的消极情绪反应。包含挫折情境、挫折认知和挫折反应三个要素。挫折情境是指造成挫折的事件，比如，考试不及格、人际关系冲突、恋爱失败、求职不成等。受挫者的挫折反应总是在一定的挫折情境中产生的，挫折情境是产生挫折的重要条件，如果挫折情境得到改善或消除，挫折感也就会随之消失。因此，设法改变挫折情境是克服挫折的一个重要方法。例如，与本寝室的同学发生了冲突，可以暂时离开寝室，到外面走走，转移自己注意力；挫折认知是产生挫折的关键，挫折情境能否构成挫折，很大限度上取决于挫折认知；挫折反应包括失落沮丧的情绪反应、逃避退缩的行为反应等。当挫折情境、挫折认知和挫折反应三者同时具备时,便构成了典型的心理挫折,如果主体认知不当,即使没有挫折情境,只要有挫折认知和挫折反应这两个条件,也可以构成挫折心理。因此,挫折作为一种社会心理现象,既有客观性,也有主观性。它对个体会产生积极和消极两方面的影响,若处置不当,则会导致生理疾病、情绪紧张、心理和行为失调等;若处理得当,则会起到提高认识水平、磨炼意志的积极作用。

二、挫折攻击理论

美国耶鲁大学社会心理学家约翰·多拉德[1]等人指出:"攻击行为往往是挫折的结果。更准确地说,这个观点认为攻击性行为的发生总是以挫折的存在为先决条件的。同样,挫折的存在也总是要导致某些形式的攻击行为。"[2]"剥夺睡眠"的实验能够有效支撑挫折攻击理论的内容。实验结果表明,当被试被剥夺睡眠 24 小时,并被不允许自己活动及不给吃早点后,他们往往采用不友好的语调相互谈论,或提出一些非难性问题等形式来攻击实验者。挫折的这种作用可以在广泛的社会关系中充分地体现出来,如当经济萧条或战乱之后,就容易产生挫折心理,当人们找不到工作,买不到需要的物品,生活的各方面受到限制,各种形式的攻击行为就随处可见。个体遭受挫折后,内心产生愤怒情绪,为了将愤怒情绪宣泄出去,往往会产生过激的言行,表现为攻击行为。根据攻击对象的不同,可以分为直接攻击和转向攻击两种。直接攻击是指将报复、愤怒直接针对造成挫折的人或物;另一种是转向攻击,即将攻击对象转向自己或与挫折无关的其他对象,如在受到"强人"欺负后惩罚自己;在班集体等场合表现不佳回到

---

① 约翰·多拉德(1900—1980),美国心理学家、社会学家。

② 卢盛忠:《西方心理学的挫折理论》,《外国心理学》1981 年第 3 期。

寝室找室友、闺蜜出气等。

三、大学生挫折主要来源

适应问题:陌生的校园、生疏的群体、远离家乡和父母、角色改变、疫情常态化所带来的生活方式改变等。

人际关系:社交恐惧、人际适应不良、孤独、人际矛盾等。

学习问题:学习动机缺乏、考试焦虑、学习成绩下滑等。

自我认知偏差:不能全面客观评价自我、自卑、无法正确认识理想自我与现实自我的差距等。

经济:家庭经济困难导致的心理负担过重,或与他人比较产生的心理失衡等。

情感困惑:与恋人的矛盾冲突、失恋、疫情期间缺乏沟通导致的情感疏远等。

四、大学生常见的挫折表现

遭遇到挫折后,因个体心理承受力不同,认知不同,也会产生不同的行为反应,可归结为积极的行为表现和消极的行为表现。

(一)积极的行为表现

1. 升华

升华是指个体遭遇挫折时,将自己的情感和精力转移到有益的活动中去,将遭遇挫折的失落感转化为完成有社会价值目标的行动,借此弥补因受到挫折而丧失的自尊与自信,减轻挫折所造成的痛苦,以保持情绪稳定和心理平衡。升华不仅可以使原来的动机冲突和受挫后的不良情绪得到化解和宣泄，而且能够促使个体进步成长。例如，歌德在一次舞会上认识了美丽的女孩，对他产生了炽热的爱情，但是她已经同别人订婚了，歌德因此非常痛苦、绝望，甚至出现自杀的念头，但他最终战胜了怯懦，下决心用文字来抒发自己在爱情生活中的经历和感受，由此便产生了《少年维特的烦恼》这部世界名著。歌德将心爱之人爱而不得的痛苦转化为文学创作的热情，这便是升华的表现。

2. 补偿

在社会生活中，由于主客观条件的限制和障碍，使个人的某一个目标无法实现时，便以其他可能达到目标的活动或自己的特长来代替，通过新目标的满足来弥补原有欲望得不到满足和目标达不到所带来的痛苦。这就是人们受挫后的补偿行为反应，也是人们常说的"失之东隅，收之桑榆"。例如，某学生数学成绩欠佳，于是便努力在外语学习中做到名列前茅，以此来减轻消极情绪的压力；再如，有的大学生因为有某种生理缺陷而无法在运动场上与他人较量，因而在学习上加倍努力，期望在学习成绩上超过他人，以维护自己的自尊，赢得别人肯定。

3. 幽默

当处境困难或尴尬时，人格比较成熟、心理修养较高的大学生，往往以幽默来化险为夷。在不伤大雅的情形下，传达意图，处理问题，大事化小，小事化了，维护自己的心理平衡，渡过难关。演员黄渤上《鲁豫有约》接受采访，被问："你现在可以啊，很火啊，是吧？"明眼人都明白，这是一个看似简单却必须小心回答的问题。若答是，会显得黄渤太自以为是。若答不是，又难免让人觉得虚伪做作。所有人都在为黄渤捏一把冷汗，可是他却泰然自若地答道："那肯定啊！你想都坐在这儿跟鲁豫聊天了，还能不火吗？"骨子里有幽默感的人，可以在尊重和不伤害别人的前提下，轻言淡语地化解尴尬。

升华、补偿、幽默等方式既能够释放心理能量，又能够获得社会的承认和赞许，是值得提倡的挫折应对方式。

（二）消极的行为表现

1. 攻击

正如挫折攻击理论认为，当个体受到挫折时，常常会引起愤怒情绪，出现攻击行为。攻击有直接攻击和转向攻击两种。直接攻击是个体受到挫折后，把愤怒的情绪和行为直接指向造成挫折的人或物，例如对使自己受挫的人采取嘲讽、谩骂、殴打等伤害行为；转向攻击是把愤怒的情绪发泄到自我或与挫折源不相关的其他人或事物上，如自我折磨、自我虐待、背后抱怨、发牢骚、摔物、向别人发泄怨气等。

2. 冷漠

当个人遭遇挫折而又孤立无援、看不到改变境遇的希望时，会表现出无动于衷、麻木不仁的心理状态，且对周围的事情不感兴趣，对同学和老师的宽慰与教育无动于衷。这种现象看似表面平静，内心深处则往往隐藏着痛苦，是一种压抑极深的反应。压抑时间越长，对心理危害越大。如在心理咨询或心理危机干预过程中，部分来访者，尤其是经历过创伤的个体对咨询师的谈话非常抗拒，出现较为强烈的防御反应，表现为拒绝与咨询师沟通，或者顾左右而言他，故意为沟通设置障碍，即为一种无言的对抗，是遭遇挫折之后的冷漠反应。

3. 退行

退行是指大学生面临挫折与压力时，无意识地表现出一种与其年龄、心智极不相称的倒退和幼稚行为。如有的大一新生因为不适应大学学习生活与环境，深夜打电话给妈妈想回家，表现这种行为方式的大学生往往对自己缺乏信心，看不到自己的力量，像孩子一样，依赖他人。倒退的另一种表现是受暗示性。[1] 受暗示性最经常的表现是人们在受挫折后会盲目地相信别人,不能区分合理和不合理的要求,盲从地执行某个人的指示。

4. 固着

固着是指一个人在受到挫折后,采取刻板的方式,盲目重复某种无效行为的现象。其特点是无效行为反复出现。一般而言,一个人遭受挫折后需要有一种随机应变的能力来摆脱困境,但是有时人在遭受挫折后,不是积极寻求解决办法,而是重复某种无效行为,尽管他也知道这些行为无益于问题解决,但还是要重复,以此来维护心理平衡,例如,有的人看到家里失火,急得站在那里直跺脚,而不知赶快想办法救火;有的大学生学习效率不高,学习方法不科学导致学习成绩不好,但仍然是挑灯夜读磨洋工。

5. 否认

个体遇到挫折后,往往不敢面对现实、正视现实,而是采取鸵鸟政策,躲开受挫的现实,放弃原来所追求的目标,希望远离失败、挫折。例如,小孩打坏了东西,往往用手把眼睛蒙住,这与鸵鸟在天敌迫近时把头埋在沙滩里一样,否认当前的可怕现实。再如,有的人听到亲人突然去世的消息,会反复地说,不可能不可能,不承认事实,借此避免严重的心理冲击。

6. 文饰

文饰是指当人们的行为未达到目标,或不符合社会规范时,为了减少或免除因挫折而产生的焦虑和痛苦,在外部寻找某种理由或托词对自己的行为给予某种“合理”的解释。文饰有“酸葡萄”心理和“甜柠檬”心理两种反应方式。酸葡萄心理。酸葡萄的故事出自《伊索寓言》,说的是一只饥饿的狐狸,看到葡萄架上有很多成熟的葡萄,内心非常想吃,但因为葡萄架过高,跳了三次都没有摘到,为了维护自己的面子,狐狸就对身边的动物说,葡萄味酸,我才不喜欢吃呢。平时人们想得到某种东西,但又得不到,

---

① 卢盛忠:《西方心理学的挫折理论》,《外国心理学》1981 年第 3 期。

就会故意说它不好。这种吃不到葡萄说葡萄酸,得不到东西就说东西不好的心理,就是酸葡萄心理。这种违背个人心愿的解释很常见,例如,有的人谈恋爱,本来很喜欢对方,但被对方拒绝,这时他就会说对方不好,长相普通,性格怪异,不值得爱。甜柠檬心理。有只狐狸想找些可口的食物,找了好久才找到一只柠檬,这实在是一件不得已而为之的事情,但狐狸却说,柠檬是甜的,我正喜欢吃。柠檬明明是酸的,却硬说柠檬是甜的,在现实生活中,人们常常故意夸大所获东西的好处,来减轻所失去东西产生的痛苦。如有的人没考上大学,他会这样安慰自己,我可以去南方打工,打工挣钱比大学毕业生还多,这样一想,就减轻了高考落榜的痛苦。

以上各类反应是个体常见的心理防御机制。心理防御机制指个体应付各种紧张性刺激,防止或减轻焦虑或愧疚的精神压力、维护心理安宁的潜意识心理反应。[①] 当个体面临挫折或冲突的紧张情境时,在其内部心理活动中具有的自觉或不自觉地解脱烦恼,减轻内心不安,以恢复心理平衡与稳定的一种适应性倾向。人的生理系统是具有维护生理平衡的功能的,如天气热时汗毛孔会自动排汗,以利于散发热量;天气冷时汗毛孔会自动关闭,以减少热量的散发,从而保持体温的恒定,同样的道理,人的心理系统也具有维护心理平衡的功能,挫折会给个体造成心理压力,心理平衡受到破坏,产生痛苦的情感体验。为了减轻心理压力,维持心理平衡,摆脱痛苦体验,人们在遭受挫折时,常有意无意地启动自我防卫反应。适度使用自我防卫反应,的确能够有效缓解痛苦情绪,维持心理平衡,增强适应能力,有利于战胜挫折,但过度使用,会降低人对周围环境的适应能力,严重影响其心理社会功能。

---

① 刘运合、杨伊生:《心理防御机制的研究综述》,《内蒙古师范大学学报(哲学社会科学版)》2008 年第 1 期。

五、大学生抗逆力培养

抗逆力,也称为复原力、心理弹性、心理韧性,是一种普遍的适应能力,指当个体在面对灾难或压力时,减少、适应甚至克服不良因素对自己造成的破坏性影响的一种较稳定的心理特质,在缓解创伤性压力给个体带来负性影响和维持机体正常心理状态时具有一定的促进作用。[①] 20 世纪 70 年代,围绕着不利环境下儿童发展结果的变异性问题,一批心理学家和精神病学家提出了一种全新的研究范式,在一定程度上推动了韧性以及相关主题的研究工作,并引发了大量的争论以及各方面的关注。其后,研究者开始注意到这些适应良好的青少年似乎存在某种抗压能力或保护因子,从而可以在压力或挫折情况下免除身心障碍的危机。从 20 世纪 80 年代中期起,保护因子和抗逆力研究逐渐获得重视。而 20 世纪 90 年代至今,家庭抗逆力的研究得到迅速发展。研究的范围也在不断扩展,从研究儿童到老年人,个人素质到基因遗传,对问题本源的探索到个体潜能的开发,同时推动着心理韧性测量工具和相关理论模型的不断完善。相关研究提出:抗逆力的构成要素有外部支持因素(I have)、内在优势因素(I am)以及效能因素(I can)三个部分。个体所生活的环境、社会支持系统等构成了抗逆力的外部支持因素;内在优势因素包括自我效能感、过往成功经历等;效能因素包括人际技巧、解决问题能力、情绪管理能力等。[②] 抗逆力有诸多影响因素,综合现有研究,主要有以下几个方面:1. 积极乐观的情绪。研究发现,在逆境或压力条件下,积极情绪在心理韧性对压力适应的作用路径中

---

① 潘运、杨桂芳:《国外心理韧性的研究述评》,《贵州师范大学学报(社会科学版)》2013 年第 2 期。

② 田国秀主编,李冬卉副主编《抗逆力研究:运用于学校与青少年社会工作》,社会科学文献出版社,2013,第 21—22 页。

发挥中介效应。[1] 情绪具有组织功能,积极情绪状态下,个体的认知能力及行动效率会有所提高,在一定程度上,能够增强个体面对逆境的承受能力。2. 乐观的态度。研究显示:不乐观的人更有可能退缩和回避,但乐观的人则会使用更多的积极应对策略和较少的回避策略;[2]归因风格会影响抗挫折能力,个体越是乐观向上,其抗挫折能力就越强。[3] 面对同一事件,乐观的个体往往会有较小的心理压力,而悲观的个体往往会夸大事情的严重性,容易受"糟糕至极"等不合理信念的影响。3. 社会支持系统。研究表明:大学生得到的社会支持越多,心理韧性越高,随即心理一致感的水平也越高,进而对未来的期望也越乐观。[4] 个体的社会支持系统强,往往意味着在困难面前有更多的资源和对事情更强的掌控感,这在很大程度上能够缓解压力。4. 恰当的情绪调适策略。如正念冥想、运动减压等。正念冥想能够有效缓解个体的不良情绪,提高抗压能力。在正念冥想状态下,个体往往专注于当下,注意力能够从压力事件转移到自身状态上。据此,有学者从管理模式角度提出,可以通过通识教育、课程思政、建构积极心理学视角下心理健康教育等方式来帮助大学生学习有效的情绪调适策略,提升大学生抗逆力[5]。有学者从专业内容角度提出,可以通过提高其情绪管理能力、完善人格品质、增强自我效能感等途径来进行提升。

---

① 崔丽霞、殷乐、雷雳:《心理弹性与压力适应的关系:积极情绪中介效应的实验研究》,《心理发展与教育》,2012 年第 3 期。

② Nicholls, A. R., Polman, R. C. J., Levy, A. R., &Backhouse, S. H, "Mental toughness, optimism, pessimism, and coping among athletes", *Personality & Individual Differences*, no. 5 (2008): 1182-1192.

③ 刘志军、刘旭、李维:《初中生乐观归因风格与抗挫折能力:自尊的中介作用》,《心理与行为研究》,2016 年第 1 期。

④ 朱美侠、蔡丹、武云露、Zhang XiaoChi、Juergen Margraf:《大学生社会支持对乐观倾向的影响:心理弹性与心理一致感的中介作用》,《心理科学》,2016 年第 2 期。

⑤ 冯维峰:《新时代大学生抗逆力提升路径研究——以厦门市为例》,《海峡科学》,2021 年第 5 期。

第二节 实践活动

一、团体心理辅导——“挫折与成长”团体心理辅导方案

团体目标:帮助学生正确认识挫折、面对挫折。

团体性质:以提升抗挫折能力为主的发展性、结构性同质团体。

团体领导者:心理健康专兼职教师。

参加对象:各年级大学生。

开展时间:不限。

团体活动时间:预计 2 小时。

团体计划书:见表 9-1。

表 9-1 “挫折与成长”团体心理辅导计划书

活动阶段	活动目的及内容	时间	准备工具
开场	1. 活动目的 引入主题,说明本次团体心理辅导的意义。 2. 活动内容 团体介绍——本次团体辅导主题为挫折应对,目的在于引导团队成员正确认识挫折、理性面对挫折;团员自我介绍,为自己取代号,说明为何给自己取这个代号,方便真诚交流。	10 分钟	纸、笔

续表

活动阶段	活动目的及内容	时间	准备工具
暖身活动	1. 活动目的 借助游戏体验成长过程中的成败得失，认识挫折，感悟挫折。 2. 活动内容 成长三部曲。具体内容为：每个人的初始状态都是蹲下抱成团，都是蛋，蛋就是蹲着的状态。随后猜拳，赢的半蹲，变成小鸡，输的还是蛋。然后蛋和蛋猜拳，小鸡和小鸡猜拳，赢得蛋可以升级为小鸡，赢的小鸡可以站起来成为凤凰，小鸡输了就成为蛋。凤凰和凤凰猜拳，赢得就成功变成人，输了又成为小鸡。同等级别猜拳，赢了升一级，输了降一级。活动结束后，组员轮流分享自己在游戏中的感受。	10分钟	无
理性面对挫折	1. 活动目的 引导成员思考如何理性面对挫折。 2. 活动内容 具体指导语如下：（可根据时间安排插入挫折承受能力自测）我们认识到生活中的挫折是常态。那什么是挫折呢？你遇到挫折是怎么处理的呢，下面请同学们依次分享，在每一位同学分享完毕后，其他同学可以想想看，你自己遇到类似挫折会怎么处理，你会有什么更好的方法。	20分钟	无

续表

活动阶段	活动目的及内容	时间	准备工具
经典故事分享	1. 活动目的 通过哲理故事,学习面对挫折的正确态度及方法。 2. 活动内容 故事一:蝴蝶蜕变 一只茧上裂开了一个小口,一个人正好看到这一幕,他一直观察着:蝴蝶在艰难地将身体从那个小口中一点点地挣扎出来……几个小时过去了…… 接下来,蝴蝶似乎没有任何进展了。看样子它似乎已经竭尽全力,不能再前进一步了…… 这个人实在看得心疼,决定帮助蝴蝶:他拿来一把剪刀,小心翼翼地将茧破开。蝴蝶很容易挣脱了出来。但是它的身体很小,翅膀仅仅贴着身体…… 他接着观察,期待着在某一时刻,蝴蝶的翅膀会打开并伸展开来,成为一只健康美丽的蝴蝶……然而,这一刻始终没有出现。 这只蝴蝶在余下的时间都极其可怜地带着猥琐的身子和瘪塌的翅膀在爬行,它永远也没能飞起来…… 这个好心人并不知道,蝴蝶从茧上的小口挣扎而出,这是上天的安排,他要通过这样的挤压过程将体液从身体挤压到翅膀,这样它才能在脱茧而出后展翅飞翔…… 启示:如果没有挫折,生命就会变得脆弱。 故事二:鸡蛋、石头与皮球 一只鸡蛋落在地上,它悲伤的哭道:我完了,我这只倒霉蛋。我为什么这么倒霉?接着就粉身碎骨,壮烈牺牲了。 一块石头落在地上,它愤怒地大叫:谁敢跟我作对?你硬,我比你更硬。它把地面砸了个窝,但自己也深陷其中出不来。它气急败坏,无能为力。 一只皮球落在地上,“砸得越猛,我弹得越高”,然后轻巧地换了一个姿势,在地上打了个滚,就蹦蹦跳跳走了。 感悟:鸡蛋、石头和皮球的遭遇,反映了人们在生活中对待挫折的不同态度。有的人遇到挫折暴跳如雷,继续撞南墙;有的人遇到挫折就一败涂地,再也站不起来;有的人遇到挫折,轻轻一笑,改变一个方向,又上路了。	10分钟	无

续表

活动阶段	活动目的及内容	时间	准备工具
正确认知挫折	1. 活动目的 学习 ABC 理论,正确认识挫折。 2. 活动内容 团体成员每一个人在小纸条上写好自己不开心的一件事,让后折叠起来与其他人的纸条混合在一起。接下来随机抽取一张纸条(是不是自己原来的那一张都没有关系),并针对纸条上提出的问题展开讨论。 从第一个人开始,首先由他读出所面临的问题,然后让他左边的三个"天使"和他右边的三个"魔鬼"交替发言,天使必须给与这个事件正面的评价,而魔鬼则相反。 启示:挫折面前,首先要有正确认知。 核心方法介绍:结合案例(半杯水)介绍理性情绪疗法。 确定引发情绪的事件(A) 自己对此事件的想法(B) 这想法所引发的情绪(C) 对原想法的不合理成分进行驳斥(D) 建立理性的想法,同时具有合理的情绪反应(E) 个体的情绪和行为结果(C)是由个体对该事件的认知(B)引起的,而不是事件本身(A)引起的,面对同一挫折事件,当产生不良情绪及消极态度时,可以尝试对原想法的不合理成分进行驳斥(D),以建立理性的想法,同时具有合理的情绪反应(E)。	20分钟	纸、笔

续表

活动阶段	活动目的及内容	时间	准备工具
认识挫折面前个体的“心卫士”	1. 活动目的 了解挫折状态下个体常见的心理防御机制。 2. 活动内容 通过狐狸吃葡萄的故事，了解心理防御机制的含义及表现。具体内容：盛夏酷暑，一群口干舌燥的狐狸来到一个葡萄架下。一串串晶莹剔透的葡萄挂满枝头，狐狸馋得直流口水，可葡萄架很高。 第一只狐狸来到了葡萄架下，它不愿就此放弃，发现葡萄架旁边的梯子，突然灵机一动，学着以前农夫摘葡萄的样子爬上去，顺利摘到了葡萄。（这只狐狸采用的是问题解决方式，他没有逃避，而是直接面对问题，最后解决了问题） 第二只狐狸在葡萄架下转了几圈，自言自语道：这些葡萄肯定是酸的，吃了也很难接受，还不如不吃。于是，心情愉快地离开了。（这只狐狸运用了酸葡萄效应，即合理化，当个人需要在现实中难以满足时，为了不使自尊遭受打击，就弱化自己的期待或目标对自身的价值，以避免精神上的痛苦和不安） 第三只狐狸一看葡萄架比自己高，便破口大骂，到处撕咬葡萄藤，正巧被农夫发现，被一铁锹拍死了。（这只狐狸应对挫折的方式为攻击，这是一种不可取的应对方式，于人于己都是有害无利的） 第四只狐狸在葡萄架下号啕大哭。它伤心为什么自己如此矮小，如果像大象那样，不是想吃什么就吃什么吗？它哭喊着：如果吃不到葡萄，我就不回家了（这种表现称之为退行，即在实现目标时遇到挫折，个体会放弃成熟态度和行为模式，使用比较幼稚的方式来满足愿望） 第五只狐狸想：听说柠檬的味道和葡萄差不多，既然我吃不到葡萄，何不尝一尝柠檬呢，总不能在一棵树上吊死吧，因此，她心满意足地离开去找柠檬了（这种行为称之为替代，以一种自己能达到的方式来代替自己不能满足的愿望） 另外有几只狐狸来到葡萄藤下，经过友好协商，利用叠罗汉的方式，成果共享，皆大欢喜。（合作）	30分钟	无

续表

活动阶段	活动目的及内容	时间	准备工具
分享本次团辅的收获	1. 活动目的 总结反馈。 2. 活动内容 各位成员写在便笺纸上，随后播放歌曲《阳光总在风雨后》。	10分钟	音乐、便笺纸、笔

二、主题班会

主题：挫折伴随我成长。

适用人群：大学各年级。

地点：室内。

形式：谈论、分享。

目的：帮助大学生理性认识挫折，正确面对挫折。

过程

1. 分享榜样事迹

分享第十三届中国大学生年度人物候选人陈春林事迹，通过榜样示范效应引导大学生乐观面对挫折。

陈春林，女，汉族，共青团员，华中师范大学物理与科学技术学院电子信息类专业 2017 级本科生。母亲离世、父亲患病，家庭接连遭遇不幸，陈春林把父亲带在身边，一边认真学习，一边精心照顾父亲，演绎了“带父上学”的孝心故事。

陈春林 1997 年出生于广西。父亲、母亲都是老实本分的农民。陈春林和比她小一岁的弟弟学习成绩在班里都名列前茅。2006 年母亲突发脑出血离世，当时陈春林年仅 9 岁。2010 年，陈春林姐弟俩相继考上初中，家里的经济压力骤然加大，父亲陈世日决定到广东打工挣钱。天有不测风云,2012 年父亲突发脑梗瘫痪,当时陈春林只有 15 岁。无奈之下,她和弟弟双双休学,弟弟到广东打工,她在家照顾父亲。

除了照顾父亲的饮食起居,为了让父亲尽快康复,陈春林每天要为父亲做 4 个小时的全身按摩,还经常抽空到县城附近的彩灯厂做零工。彼时,一家三口靠着弟弟每个月 1500 元的工资维持生活,春林精打细算,不敢有丝毫浪费,父亲住院期间,她每天只吃两个包子,回家之后也经常就咸菜喝白粥。

在最艰难的日子里,陈春林依然坚持学习,她向同学借来课本和资料,每天抽出两个小时自学初三课程。辛勤的付出终有回报,陈春林的成绩一直保持全年级前列,不仅是师生眼中的“孝女”,还是同学们心目中的“学习尖子”。高考时,她以超出当地一本线 70 多分的优异成绩,被华中师范大学物理科学与技术学院录取,而此时弟弟光荣参军入伍,她决心带着父亲走进大学校园。

对于大学生活,陈春林早已有了规划。学习方面,她认为仍需要每天预习、复习。课外活动方面,她积极参加排球队活动,还是学院学生会学科部部委和班级生活委员,她说想通过学生工作来团结帮助同学。同时,她还积极参加各种志愿服务。谈到自己的理想,陈春林表示自己想成为一名老师。她之所以来到华师,也与高中老师的影响密切相关。“我高中的许多老师都来自华师,从他们口中我了解到了这所学校,因此当时就对华师很有好感。”她笑着说:“能来到华师,我也无憾圆梦了。”请同学们分享读后感。

2. 小活动——我的生活线

帮助学生对自己的生活进行简单回顾和评估,理解生活中都有曲折和不如意之处,正确面对挫折。

操作:事先准备几种不同颜色的彩色纸,每位成员选择一张最适合自己现在心情的纸。将彩纸对折,最左端代表生命的开始,依次向右延伸,折痕上部代表积极的生活事件,下部代表消极的生活事件。让成员回忆一下,然后画出自己的生活曲线,并对未来做出预测。画完之后,贴在墙上,同学们围绕以下问题分享交流:

(1)有没有完全一样的生活曲线图?

(2)你的生活曲线图有哪些独特之处?

(3)看完其他成员的生活曲线图,你有什么发现?

(4)在你成长过程中遭遇过什么挫折?你是如何应对的?

通过此环节,引导学生认识到,每个人的生活都不是一帆风顺的,要积极乐观地面对。当我们用乐观、坚强、勇气、毅力扛过了困难,未来的生活曲线都是向着积极方向延伸发展的。

3. 推荐电影——《风雨哈佛路》,并观看片段

主人公丽斯出生在美国的穷苦家庭里,从小就开始承受着家庭的千疮百孔,母亲酗酒吸毒,并且患有精神分裂症。在15岁时,她母亲死于艾滋病,父亲进入收容所。贫穷的丽斯需要出去乞讨,和一些朋友流浪在城市的角落,生活的苦难似乎无穷无尽。随着慢慢成长,丽斯知道,只有读书成才方能走出泥潭般的现况,改变自身命运。她用最真诚的态度感动了高中的校长,争取到了读书的机会。然后,丽斯开始了漫漫求学路。她一边打工一边上学,用两年时间学完了高中四年的课程。她尝试申请各类奖学金,只有《纽约时报》的全额奖学金才能让她念完大学,于是她努力并申请到了这份奖学金。影片的最后,她迈着自信的脚步走进了哈佛的学堂。贫穷并没有止住丽斯前进的决心,在她的人生里面,勇往直前的奋斗是永恒主题。

4. 分享名言警句

鼓励同学们锤炼意志品质,做到无畏无惧、理性面对。

(1)故天将降大任于是人也,必先苦其心志,劳其筋骨,饿其体肤,空乏其身,行拂乱其所为,所以动心忍性,曾益其所不能。——《孟子·告子下》

(2)人恒过,然后能改;困于心,衡于虑,而后作;征于色,发于声,而后

喻。入则无法家拂士,出则无敌国外患者,国恒亡。然后知生于忧患而死于安乐也。——《孟子·告子下》

(3)患难困苦,是磨炼人格之最高学校。——梁启超

(4)卓越的人一大优点是:在不利与艰难的遭遇里百折不挠。——贝多芬

(5)失败也是我需要的,它和成功对我一样有价值,只有在我知道一切做不好的方法以后,我才能知道做好一件工作的方法是什么。——爱迪生

三、咨询案例

吴某某是一名大二女生,进大学之前无论是学习还是生活其他方面都是充满自信的,进入大学后,她发现同学们不仅各个聪明而且还各有所长。而自己除了死读书外样样比别人差,且生活拮据连套像样的衣服都没有,这些都无形中挫伤了她的自尊心。以至于不敢和同学交往,吃饭时独自一人吃最便宜的饭菜,省下钱买参考书。课外活动也不愿意参加,不愿意融入集体。最令她苦恼的是,在高中阶段成绩一直很优秀的她,进入大学后,学习成绩总是上不去,她感觉自己一无是处,没有价值,觉得处处低人一等,感觉到无比的压抑、烦恼和痛苦。第一学期勉强通过考试,第二学期刚一开始就感到压力越来越大,整天心神不宁、注意力不集中、晚上失眠导致无法正常学习,感觉生活无趣。

案例中吴某某是因为面对高中和大学学习环境、人际环境的差异,产生心理落差,无法自我调整,从而产生挫败感。她应该认识到高中阶段和大学阶段,对比的“参照系”是不同的,在不同的“常模”中,自然她的位置会发生变化。这时的她应该正视环境的改变、自己的不足,尽快找到合适的学习方法,安排好自己的大学生活。

第十章　压力管理

第一节　理论基础

一、如何认识压力

压力是内外环境中各种因素作用于机体时所产生的“非特异性反应”[①],通常表现为生理反应和心理反应两个方面。常见的生理反应包括口干舌燥、手脚冰凉、心跳加速等;常见的心理反应则表现为思维速度变慢、情绪不稳定等。一般来说,压力应包括压力事件和心理压力两个概念,压力事件是指令个体紧张,感受到威胁性的刺激情境或事件。心理压力是个体在生活实践中对压力事件反映而形成的一种特别紧张的综合性心理状态,是个体真正意识到了压力存在而无法摆脱时形成的带有紧张情绪的心理状态。压力状态是生命常态,它是一种体验到的东西,无法脱离主体而存在,是现代人普遍的心理体验。人的一生要面对各种各样的压力,青少年期面临升学竞争、人际交往、情感的独立、生涯探索等压力事件;成年期面临工作压力、经济压力、家庭维系、子女教育、事业发展等压力;老年期面临生活安养、不被尊重、收入减少、行动不便、没选择权、心灵孤独等压力。承受压力是不可避免的,有其积极的一面,适度的压力能够有效转化

---

① H. Selye,“The Stress Concept”,*Canadian Medical Association Journal*,no. 8(1976):718.

为个体行为的动力,引导个体深刻思考、积极行动,不断变得优秀。人无压力轻飘飘,井无压力不喷油。若个体一点压力也没有,那么就很容易出现“躺平”的状态,长期如此会阻碍个体的成长和进步。但过度压力会造成人的身心失衡,影响身心健康。

压力体验具有一定的主观性,与环境因素和个体认知具有密切关系。同样的环境因素,个体认知不同,压力程度就不同。如同样是面临重大比赛,张同学因比赛经验丰富,所以压力较小,而王同学头一次参加类似比赛,就会感觉压力较大。压力除了与外在事件相关,还和个体的抗压能力、认知、环境氛围、社会支持等因素相关。

二、大学生常见压力源

现代大学生,有着良好的教育资源,丰富的物质资源,但同时也面临着许多挑战。大学生群体的压力来源主要集中于以下几个方面。

(一)学业压力

可表现为多种形式。如进入大学后,无法适应新的学习方式,上课无法跟上老师的进度;面临考试,容易产生焦虑情绪,即使平时会的内容在考场上也想不起来,表现为较严重的考试焦虑;目前就读专业并非第一志愿,未来就业方向与自己最初规划不一致,在是否换专业问题上摇摆不定;进入大学后,自主学习能力缺乏,无法有效支配课余时间,学习动机缺乏等。

(二)现实压力

部分学生,尤其是高校中的家庭经济困难学生群体,面临着较大的经济压力和来自家庭的现实压力。如个别学生无法得到家人有效的经济支持,只能在课余时间做兼职以保障完成学业,在心理上容易产生自卑、怨恨等不良情绪；有些学生受拜金主义等不正之风的影响，消费能力远超自己能够承担的范围，变成“月光族”，甚至选择校园贷等不正当途径。

（三）人际压力

进入大学，离开了以往熟悉的朋友圈，大学生面临着重新融入人际环境的压力，新的同学和朋友来自五湖四海，有着不同的生活习惯和思想观念。同时很多学生在中学阶段是走读的方式，进入大学后，不得不选择住宿生活，而舍友又无法自己选择，加上人际交往技巧的缺乏，容易导致人际矛盾的发生；也有部分学生在人际交往中表现为自我封闭，孤僻离群，无法有效融入新的集体，忍受着孤独和压抑；有些学生虽然有交往的意愿，但是在人际交往中却表现为退缩逃避，存在社交恐惧，长期如此，影响其心理健康发展。

（四）就业压力

升学率升高，但就业岗位却没有大幅增加，大学生们面临着“僧多粥少”的困境。加上近几年，受疫情影响，很多企业面临着缩减工作岗位的现状，这使大学生们的就业压力剧增。部分高校针对毕业生开展心理普测，对有心理辅导需求的学生进行有效筛查，目的就在于及时进行识别干预，有效缓解毕业生的就业压力。

（五）感情压力

爱情是永恒的话题，大学生青春年少，正处于感情体验丰富的年龄，对于爱情有较为强烈的憧憬，但由于其处理感情不够成熟，所以会遇到各类情感问题。如有的学生虽然对某位异性心生爱慕之情，但却苦于不会表达，错过一段感情；有的学生在异性交往过程中，不懂沟通的技巧和男女之间的性别角色差异，导致恋人之间矛盾重重；有的学生在面对失恋时，长时间沉浸在消极愁闷的情绪中无法自拔,严重影响其生活学业,极端者甚至会产生自杀想法。

三、压力状态下的身心反应

长期处于压力状态下,个体会出现一系列的身心反应,主要表现为以下几个方面。

(一)生理反应

适度的压力能够帮助个体集中注意力,思维速度提高,但过度的压力对大脑和身体都会有一定的负面影响,因压力状态下交感神经系统活动增加,内平衡状态被打破,免疫功能受到抑制,大量能量被消耗,容易出现疲劳等现象,长期的压力状态会对个体的心血管功能及免疫系统造成较大负担。个体在持续性高强度的压力状态下有时也会表现出躯体化障碍的症状,如肚子疼、身体僵硬等。如在面对重大考试或者求职面试过程中,有些个体会表现出头疼、频繁上厕所等现象。

(二)情绪反应

当个体面临生活中的突发事件或者生活中大量日常琐事的烦扰时,会出现记忆力下降、知觉范围狭窄等认知改变,在处理当前任务时容易遇到困难,与此相伴随的是兴奋、激动、紧张、焦虑、愤怒、自责、羞愧、怨恨、恐惧等不良情绪。而这些不良情绪反过来又会加重个体的心理压力,若无法有效调节,容易形成恶性循环。

(三)行为反应

在压力状态下,个体容易表现出人际攻击、退缩或回避、难以与他人相处、行动没有活力或心不在焉等行为。当个体面临较为繁重的学习或工作任务时,容易引发急躁情绪,急躁情绪则容易催生攻击行为。

四、如何进行压力管理

过度的压力会使人情绪失调,认知偏离,思维混乱,严重影响社会活动和正常生活。学习压力管理,是每个大学生的必修课。压力管理一直是心理学领域中研究的热点,并且广泛应用于企业员工、教师、学生等多个群体。相关研究指出,压力管理是将人的压力程度调到最佳点,以达到最佳绩效,同时避免受到与过度压力有关的心理与身体伤害的过程。[①] 大学生压力管理是指充分发挥大学生的主观能动性,通过正确认知压力,学习有效的压力管理方法,对压力进行合理、有效的管理,将压力程度调到适当水平,从而促进大学生身心健康、全面地发展的过程。[②] 正确的压力管理方式能够有效减少个体的焦虑情绪,形成良好的应对方式,增进个体的心理健康水平。

(一)认知调节

是否产生压力与个体对外在事件的认知评估密切相关。乐观的个体往往压力感较小,而悲观的个体更容易体验到心理压力。如同样面对生病这一压力事件,乐观的人通常会想:我虽然有病在身,生活可能不像以前一样,但我仍可以做很多事情,我的人生一样可以过得“丰盛”,积极求医,面对问题,适应问题;悲观的人则会想:我是个有病的人,以后再不可能像未病之前一样,我不可能再有人生乐趣,我的人生完了。相应地产生灰心、心

① 王欣丽、时勘:《压力管理的心理学解读》,《企业改革与管理》,2007 年第 5 期。

② 赵玲玲:《心理健康教育课程对大学生压力管理能力开发的研究》,硕士学位论文,广西师范大学马克思主义理论专业,2018,第 6 页。

情低落、担心等情绪反应,影响身心健康及生活质量。压力较大时,不妨转换看待问题的角度,压力感也会随之减小。

(二)加强人际连接与社会支持

社会支持是他人提供的一种资源,个体在一个彼此联系且相互帮助的社会网络中,能够感受到自己被爱、被关心、被尊重。除了社会情感支持的形式外,还包括有形支持(金钱、运输、住房)和信息支持(建议、个人反馈、资讯)。心理学研究表明,社会支持有助于提高人体免疫力,降低患病风险。与家人朋友通过电话网络的方式经常沟通联系,能够为彼此提供有效的心理支持,通过彼此倾诉与分享,能够有效疏解负面情绪。好的人际关系是心理健康的必要保障,也是困难时期的重要支持力量。

(三)做简单的事,感受专注的力量

繁杂的工作让我们的大脑多种思维过程并行,我们可以让大脑回到简单运行的模式,比如整理家中的物品、涂色游戏、做手工等,让身体的行动代替大脑的运行,达到心理放松的目的。

(四)压力缓解技巧

1.培养正向思维

心若向阳,必生温暖,遇到问题从不同的角度看待和思考问题,学会从消极情绪中看到积极的价值,从坏事中看到希望,从灾难化思维中抽离出来。

2.合理安排时间,避免拖延

当大量任务堆积时,个体往往容易产生较大的心理压力。所以,工作和学习中克服拖延,有效规划时间,是避免压力的重要途径。心理学家设计了一套测量方法,称为一般拖延量表,用以区分拖沓者和不拖沓者,研究

者在健康心理学课程上将这一量表给学生使用，并在课上布置了一篇学期末论文。在学期初和学期末，学生还被要求报告他们体验到了多少身体不适的症状。结果不出所料，拖沓者交论文时间平均晚于不拖沓者，而且得分也普遍较低，在学期初，拖沓者报告的症状更少，但在学期末，他们所报告的焦虑症状明显多于不拖沓者。

于大学生群体而言，可以通过以下方式合理安排时间：(1)养成早睡早起的良好习惯，避免时间紧张产生急躁情绪。(2)将要做的事情列个清单，按照重要与否、紧急与否两个维度进行分类，做事情有轻重缓急，避免眉毛胡子一把抓。(3)避免想得多，做得少。想都是问题，做才有答案，想得太多往往会导致自我设障。有时眼愁手不愁，开始着手做会发现事情没有想象那么难。(4)生活作息尽量规律，避免熬夜。(5)做到劳逸结合，每天睡觉前不做剧烈运动，周末适当放松，避免一直处于紧张状态。

3. 正念减压

正念减压疗法是由美国麻省理工学院的学者卡巴金提出的。目前有关于正念减压疗法的研究多是集中于应用及机制探讨。在应用方面，正念减压疗法最初是应用于临床领域，协助病人减轻疼痛、减缓压力的。目前在慢性躯体疾病治疗、精神疾病康复、亚健康状况的改善领域均有研究证实其有效，能够起到较为有效的预防复发和辅助治疗的功效。有少部分学者开始关注正念减压疗法在教育领域和管理领域的应用，如对大学生注意力灵活性的影响、在团体辅导中的应用、对护士职业倦怠状况的改善等。正念减压疗法的作用机制可以分为心理机制和生理机制。对于心理机制的研究，有些学者已通过实证研究发现正念减压疗法会影响个体的感知觉、记忆、注意和情绪；对于其生理机制研究，很多学者借助于功能性磁共振成像(FMRI)、脑电图(EEG)、事件相关电位(ERP)等技术发现了正念减压疗法对于个体脑电的影响，脑功能的影响以及引起的大脑结构的变化，为正念减压疗法的作用找到了生理依据。

现代人压力普遍较大,很多疾病的引发都与压力有关。如果有关正念减压疗法的研究能够进一步深入,那么就有可能发展为一种普适性较高的减压方法,人人可用,操作简便,效果显著,能够有效地提升人们的生活质量,也能够更好地体现出心理学服务于社会生活的宗旨。

所谓正念,是指不对自己的情绪、想法、病痛等身心现象作价值判断,只是纯粹地觉察它们,接受现状,愿意如实地观照当下自己的身、心现象。通常有坐禅、身体扫描和正念瑜伽三种方法。简易操作为个体为自己选择一个注意对象,可以是外在声音、事物,也可以是自己的呼吸、感觉;选择放松的姿势,闭上眼睛,配合呼吸放松,将注意力集中于所选择的注意对象。当头脑中出现了其他的一些想法、感受时,不要抗拒,将自己的注意力拉回注意的事物上即可,不做任何评判。正念减压与着陆技术原理类似,都是个体通过聚焦于当下,将注意力从外在压力源或者内心冲突上转移到当下的身体感受上,并且不做评判,全然接纳,从而避免冲突和对抗,身心达到放松平和的状态,实现减压的目的。

第二节　实践活动

一、团体心理辅导——“压力管理”团体心理辅导方案

团体目标:帮助学生正确看待压力,学习基本的压力管理方法,释放压力。

团体性质:以提升抗压能力为主的发展性、结构性同质团体。

团体领导者:专兼职心理健康教师。

参加对象:各年级大学生。

开展时间:大一到大四均可。

团体活动时间:预计 2 小时。

团体计划书:见表 10-1。

表 10-1 “压力管理”团体心理辅导计划书

活动阶段	活动目的及内容	时间	准备工具
开场	1. 活动目的 通过游戏让学生体验主动交往的乐趣;学生在交流中发现共同爱好,寻找志同道合的朋友。 2. 活动内容 有缘相识。具体内容为:主持人要求每个参与者到场地中央的盘子里选取一张自己喜欢的纸片;根据自己所选纸片的颜色与形状,到群体中寻找能与自己图形契合的“有缘人”;找到了“有缘人”后,两人坐在一起,相互介绍自己,通过交谈找出彼此间三个以上的共同点;成员交流分享。	20 分钟	彩纸、笔
暖身活动	1. 活动目的 团体成员彼此相识,建立活动关系。 2. 活动内容 棒打薄情郎。成员为自己挑选一个昵称,并填写在胸卡上;所有成员围圈就座,领导者手执“棒子”,喊出一位成员的昵称,被叫者左右两侧的成员要马上站起来,否则由被叫者给予当头一棒;反复做几次之后,利用随机数法更换成员的座位,再次进行游戏,直到大家熟悉彼此的名字。 分享没被别人记住是什么感受,没记住别人又有什么感受。	10 分钟	无
感受压力	1. 活动目的 通过游戏,感受压力。 2. 活动内容 突出重围。团体成员围成一圈,随机选出一名成员站在中间。中间的成员想办法突出重围,而围成圆圈的成员任务则是想方设法阻止他,每人限时 5 分钟。5 分钟后进行角色轮换,活动结束后请成员依次分享感受。	20 分钟	无

续表

活动阶段	活动目的及内容	时间	准备工具
认识压力	1. 活动目的 通过哲理故事,正确认识压力。 2. 活动内容 压力南瓜实验。美国学者进行了一项很有意思的实验,实验人员用很多铁圈将一个小南瓜整个箍住,以观察当南瓜逐渐长大时,对这个铁圈产生压力有多大。最初他们估计南瓜最多能够承受大约五百磅的压力。在实验的第一个月,南瓜承受了 500 磅的压力;实验第二个月时,这个南瓜承受了 1500 磅的压力,并且当它承受到 2000 磅的压力时,研究人员必须对铁圈加固,以免南瓜将铁圈挣开。 最后当研究结束时,整个南瓜承受了超过 5000 磅的压力后才产生瓜皮破裂。人们打开南瓜后,发现它已经无法再食用了,因为它里面充满了坚韧牢固的层层纤维,它的根部甚至延展超过 2. 4 米,所有的根往不同的方向伸展,最后这个南瓜独自控制了整个花园的土壤和资源。 通过这个实验,请团体成员认识到压力对个体的影响。	10分钟	无

续表

活动阶段	活动目的及内容	时间	准备工具
理解压力	1. 活动目的 通过澄清压力认识误区,帮助团体成员更科学清晰地认识压力。 2. 活动内容 ①压力有害无利。人就像弹簧,当没有压力时,个体的潜能往往无法充分发挥,长期如此,弹簧弹性就会越来越差,人的能力无法得到有效锻炼,也会阻碍自身的进步;而当压力过大时,超过弹簧的承受能力,会造成损坏,个体容易出现各种身心疾病。 ②压力是心理变量,和身体无关。人的身心是一体的,身体不适会导致消极认知、负面情绪等心理变化,同样长期的心理压力,会容易导致个体出现免疫力下降、内分泌失调等症状。研究显示,压力与近80%的主要身体疾病有关。其中包括心血管疾病、癌症、内分泌和新陈代谢疾病、皮疹、胃溃疡、偏头疼和紧张性头痛、情绪失调、与肌肉骨骼相关的疾病、感染性疾病和经期前的一些症状。 ③采用适当方法,压力可以完全消除。当压力过大时,我们可以通过调整认知、呼吸放松等方法减压,但压力是不可能完全消失的,每个年龄段,各种身份的人都会有压力存在,将压力控制在适当范围内,转换成工作学习的动力,才是明智的。	15分钟	无
管理压力	1. 活动目的 分享压力管理方法。 2. 活动内容 抗压故事分享会。具体内容为:请同学们讲述自己在成长过程中压力很大的时候是如何化解的,彼此分享抗压的有效方法。通过这个环节,可以集思广益,成员可以了解到不同的减压方法,同时认识到每个人生活中都有压力,正确看待压力。	35分钟	无

续表

活动阶段	活动目的及内容	时间	准备工具
释放压力	1. 活动目的 学习缓解压力小技巧。 2. 活动内容 想象性放松训练。具体指导语:首先,找到一个你认为安静舒服的地方,然后调整姿势,调整呼吸,放松身体,准备进行想象。 开始想象你走在一望无际的美丽的大草原上,草原上几乎空无一人,只有你自己,你踩在柔软的草地上,清新的青草味和花香味扑鼻而来,不时还有鸟鸣的声音,你感到很惬意。微风吹来,又悄然离去,带走了你心中的思绪。 你躺在温暖的草地上,只感到草地的柔软,阳光的温暖,微风的轻缓,只感到蓝色的天空笼罩你的心。温暖的阳光照着你的全身,你的全身都感到暖洋洋。阳光停在你的脚尖,你的脚尖感到很温暖,很放松。 你的呼吸越来越慢,越来越深。阳光来到你的小腿,你的小腿感到很温暖很放松,你的呼吸越来越慢,越来越深。 以此类推放松身体的每一部分。想象的时候可以配合音乐,帮助成员更好地进入想象的情境。	10分钟	音乐

二、主题班会

主题:你好,压力。

针对人群:适用于各年级大学生。

地点:室内。

形式:谈论、分享。

目的:科学认识压力,有效应对压力。

过程:

1. 进行手臂测量,评估目前压力状态。分为五个等级,手臂完全下垂代表压力为 0 分,手臂往前平伸代表压力为 50 分,手臂垂直上举为

100分。

2. 压力圆圈图，为班级同学每人发放一张“压力圆圈图”，请大家在图中写出自己的压力来源。大小不同的圈代表程度不同的压力，远近不同的圈代表压力事件发生事件的长短。填写完后，班级内成员围绕压力来源有哪些、压力很大时的身心反应以及如何减压等问题进行讨论分享。

3. 分享减压26式①

表10-2 A-Z减压26式

A	Appreciation	接纳自己接纳人，避免挑剔伤精神
B	Balance	学习娱乐巧安排，身心平衡两相宜
C	Cry	伤心之际放声哭，释放抑郁舒愁怀
D	Detour	碰壁时候要变通，无须南墙撞破头
E	Entertainment	看看电影听听歌，松弛神经选择多
F	Fear Not	正直无畏莫退缩，何惧小人背后戳
G	Give	自我中心设局限，关心他人展胸怀
H	Humor	戴副“默”镜瞧一瞧，苦中寻乐自有福
I	Imperfect	世上难觅完美人，尽力而为心坦然
J	Jogging	跑跑步来爬爬山，畅快赛过食仙丹
K	Knowledge	知多识多头脑清，无谓担心自减轻
L	Laugh	每天都会笑哈哈，压力面前不会垮
M	Management	不怕多却只怕乱，时间管理很重要
N	No	适当时候要讲“不”，不是样样你都行
O	Optimistic	凡事要向好处看，无须吓得一头汗
P	Priority	轻重缓急细掂量，取舍就会有方向
Q	Quiet	心乱如麻自然慌，心静如水自然安

① 浸会大学学生事务处辅导中心编，载《结构式团体辅导与咨询应用实例》，高等教育出版社，清华大学樊富珉改编，2001，第81页。

续表

R	Reward	日忙夜忙身心倦,爱惜自己要牢记
S	Slow Down	做到停下喘口气,不必做到脑麻痹
T	Talk	找人聊聊有人听,被人理解好开心
U	Unique	人比人会气死人,自我突破最要紧
V	Vacation	放放假或充充电,活力充沛展笑脸
W	Wear	穿着打扮用点心,精神焕发好心情
X	X-ray	探寻压力的源头,对症下药有计谋
Y	Yes,I can	相信自己有潜能,勇往直前步青云
Z	Zero	从零开始向前看,每日都是新起点

4. 让你健康快乐的六颗心

童心:像孩子一样,天真活泼,纯洁无邪,无忧无虑,无怨无恨。

舒心:学会自我调节,把烦转乐,将忧转喜,眼里总是叶绿花红,心中常刮宜人春风。

宽心:豁达乐观,常喜无愁。纵有不快,也一笑了之。

善心:与人为善,助人为乐,好事做过,心里坦然。能够博取他人相助和关照,融洽人际关系。

粗心,大事聪明,小事糊涂,不挑剔,不刁难,不计较,不责备,不生疑,无忌讳。

信心,对生活抱有信心,有希望,相信办法总比困难多。

三、咨询案例

案例一:段某某是一名大三学生,主动来到咨询室进行咨询,他认为自己无法有效面对压力。通常在压力面前感到很焦虑,越是焦虑越想逃避,正在从事的事情越无法做好,陷入恶性循环,感到苦恼。有时会感觉到来自母亲的压力,比如前几天其母亲和来访者抱怨,自己身体不舒服。来访者听了就非常难过，并会出现一系列消极想法，如母亲身体不舒服，我若再学习不好，就更辜负她，现在状态这么不好，一定会影响自己学习，到时候无法毕业怎么办呢，人生就没有希望了。

咨询师通过理论和案例引导来访者认识到，面对焦虑，不应在此基础上产生次生焦虑，而是可以尝试带着焦虑去做自己该做的事情。咨询师引导来访者认识到自身存在的不合理信念——糟糕至极的想法，告知其不应该将生活中的一点小事无限放大，不利于问题解决，反而会使自己陷入不良情绪中。并为其介绍 ABC 理论，结合其实际困惑，引导其用 ABC 理论改变不良认知，调节情绪、缓解压力。

案例二：代某某目前是一名大三学生，大一转了专业，目前和原专业的三位同学在同一宿舍，自述在宿舍会受到排挤，在一些琐事上会和舍友发生矛盾，舍友甚至向辅导员提出让该生换宿舍。大概从一年前，有些神经衰弱，必须在 11 点前入睡，否则 2—3 点后才能睡着。自己的睡眠问题和宿舍矛盾会有一些联系。该生准备考研，自述有时宿舍同学之间相处不愉快，会影响睡眠，影响复习，所以自己每天在睡觉前比较焦虑，心理压力比较大，陷于一个恶性循环。

建议其将注意力放在考研上，放平心态，与舍友相处多一些宽容，主动融入，主动去改善宿舍关系。

附 录

《心理健康教育》课程教学大纲

一、基本信息

课程中文名称:心理健康教育

课程英文名称:Mental Health Education

课程性质:通识教育必修课

学分:2

总学时:40(其中理论:24 学时,实践:16 学时)

适用学院及专业:所有学院及专业

选修课程:无

二、课程地位与作用

心理健康教育是面向大学生开设的一门通识教育必修课.课程对促进青年大学生顺利适应大学生活,增强心理素质,树立正确价值观念,促进大学生健康成才,将发挥积极作用。

三、课程教学目标

在育人、知识、能力方面应达到的目标。育人目标是将理论讲授与实践活动相结合，灵活运用案例教学法，增加主题发言互动环节的教学方式，将社会主义核心价值观融入课程中，坚持立德树人原则，促进学生人格的健全发展、心理健康素质与思想道德素质、科学文化素质协调发展。知识目标是通过该课程的学习，理解自我意识、情绪与情感状态、人格特征等个体心理素养与心理健康的关系；掌握大学时代学习心理的调试、人际关系调适、情绪管理、青春期性心理与恋爱心理的维护、挫折应对方式等大学生活适应方面的基本知识。能力目标是培养自身良好的心理品质和自尊、自爱、自律、自强的优良品格，消除心理困惑，增强克服困难、承受挫折的能力，珍爱生命，关爱集体，悦纳自己、善待他人。

通过本课程的学习，学生应具备以下能力：

通过学习人际交往知识和技巧，培养学生团结互助、诚实守信、亲切友善的良好品质；通过介绍学习相关的心理学理论，使学生的自律意识进一步增强，认识到学思并重的道理，培养其主动求知、勤奋刻苦、脚踏实地的良好品质。通过介绍情绪的相关知识和调试技巧，引导学生正确认识成和败、得和失，培育学生理性平和、积极向上的健康心态。通过介绍正确的挫折应对方式，培养学生锲而不舍、自强不息、顽强拼搏、砥砺前行的良好品质。

教学目标	教学方式	考核方式
树立科学的心理健康理念，具有健康的心理素质，正确的价值观、健全的人格以及集体主义精神、团结精神、社会责任感，具备积极向上的良好心态和正确应对挫折的良好品质。	课堂讲授、案例教学法、实践活动。	平时考勤、小论文、视频课考试、参与实践活动。

四、主要教学内容

课堂教学主要内容如下：

第一章　大学生心理健康绪论（2 学时）

第一节　大学生心理健康概述

第二节　大学生心理困惑及异常心理

第三节　大学生心理咨询

教学要求：掌握心理健康的内涵和标准；正确理解与看待心理咨询；了解常见的心理问题、心理疾病的表现。

本章的重点和难点：健康新观念的树立；大学生心理健康的标准；大学生常见心理问题的表现及应对；常见心理疾病的表现。

第二章　大学生自我意识与完善（2 学时）

第一节　大学生自我意识概述

第二节　大学生自我意识偏差

第三节　大学生完善自我的途径和方法

教学要求：掌握自我意识的概念及结构、常用的自我意识完善方法；理解自我意识的分类；了解常见的自我意识偏差。

本章的重点和难点：大学生完善自我意识的方法——ABC 理论 &RET 技术；自我意识的概念及分类。

第三章　大学生人格发展与心理健康（2 学时）

第一节　人格概述

第二节　气质与性格

第三节　常见的人格障碍

第四节　大学生如何塑造健康人格

教学要求:掌握气质和性格的常见分类、健康人格的塑造途径;理解人格的概念;了解常见的人格障碍的类型及表现。

本章的重点和难点:气质和性格的分类;培养健康人格的途径和方法;常见的人格障碍及相应的调节及治疗方法。

第四章　大学生学习心理(2 学时)

第一节　大学生学习特点

第二节　影响大学生学习的因素

第三节　大学生常见的学习问题

第四节　大学生如何高效学习

教学要求:掌握与学习密切相关的心理活动规律及利用这些规律如何高效学习;理解大学学习的特点;了解影响学习的常见因素;认识到学习动机的重要性,做到主动求知。

本章的重点和难点:大学生如何高效学习;记忆规律;耶克斯多德森定律;影响学习的常见的智力和非智力因素。

第五章　大学生情绪管理(2 学时)

第一节　情绪概述

第二节　大学生常见的情绪问题

第三节　情绪管理

教学要求:掌握改善情绪的常见方法;理解情绪的组成要素、功能、类型;了解常见的不良情绪类型及表现。

本章的重点和难点:情绪的定义及组成要素;情绪的功能、情绪与生活的联系;掌握情绪调适的方法。

第六章　大学生人际交往(2 学时)

第一节　人际关系概述

第二节　影响人际关系的因素

第三节　人际吸引规律

第四节　大学生人际交往的基本原则和技巧

教学要求:理解影响大学生人际交往的因素;了解人际交往的意义、概念、人际交往的规律和技巧;理解社会主义核心价值观的“友善”观与人际交往的原则;加强民族团结教育,掌握与不同民族学生相处的方式。

本章的重点和难点:人际关系定义;大学生人际关系影响因素;人际交往的基本原则(诚信、友善、平等、适度等)

第七章　大学生性心理与恋爱心理(2 学时)

第一节　爱情概述

第二节　性心理发展

第三节　性别角色差异

第四节　大学生恋爱现象分析及其心理调适

教学要求:掌握爱情三角形理论;理解爱情的相关知识和理论,认识大学生恋爱心理的特点;了解性别角色差异和性心理发展过程,形成对性心理和恋爱心理的正确认识。

本章的重点和难点:爱情三角形理论;性别角色差异。

第八章　挫折应对与压力管理(2 学时)

第一节　挫折概述与挫折理论

第二节　挫折反应与应对

第三节　压力概述与压力管理

教学要求:掌握挫折攻击理论及如何正确应对挫折和压力;正确理解压力和挫折、理解常见的挫折反应;了解压力与挫折对人生的意义,学会正确管理压力和应对挫折;理解马克思主义人生观和价值观,增进对大学意义、个人价值与社会价值的思考。

本章的重点和难点:挫折攻击理论,如何正确面对挫折、应对压力,常见的挫折反应。

实践教学内容如下:

包括团体心理辅导活动、心理健康教育主题班会等活动。

第一部分　团体心理辅导活动(8学时)

前期准备:第一,查阅资料。班级里的每位同学通过查阅相关资料,收集适合开展团体心理辅导活动的项目。第二,相互讨论。班级所有成员通过征求意见和相互讨论,最终确定团体目标、活动流程、活动内容等。

正式活动:以学生班级为单位进行,全员参与。团体心理辅导活动部分有热身活动和主体活动两部分,热身活动是为了活跃现场氛围;主体活动设置诸如"齐心协力""心有千千结"等活动,每个学生都能参与其中。

总结备案:在每个主体活动后设置分享交流环节,总结心得和体会,并对整个活动进行记录,做好备案工作。

教学目标:增强大学生的归属感和认同感;融入集体主义精神和团结精神,让学生体验团结互助的力量;增强合作意识,培养学生合作的态度和能力。

第二部分　心理健康教育主题班会(8学时)

前期准备:第一,集体讨论,确定班会主题和班会形式。班会主题有环境适应、认识自我、人际关系、情绪管理、恋爱情感、压力调适、生涯规划。班级所有成员通过征求意见和相互讨论,确定心理班会的主题和班会的开展形式。第二,查阅相关资料,准备理论讲授材料或个人发言材料。

正式活动:组织心理健康教育主题班会,以学生班级为单位进行,全员参与。各班根据自定主题,结合实际情况开展班会,具体可以采取结合PPT课件进行心理知识理论讲授、个人主题发言的形式。

总结备案:组织每位成员交流参与心理班会后的心得和体会,并记录整个班会的过程和内容,做好留档备案工作。

教学目标:了解更多的心理健康知识;引导树立科学的心理健康理念;

普遍提高学生心理素质。

五、教学方法

(一)课堂讲授与实践活动相结合。课堂讲授的同时,开展团体心理辅导和心理健康教育主题班会的实践活动。

(二)案例教学法。分享典型案例,激励学生锲而不舍、自强不息、顽强拼搏、砥砺前行。

(三)主题发言互动。围绕社会主义核心价值观“敬业”“诚信”“友善”等主题互动发言。

六、课程考核和成绩评定方式

课程最终成绩由课堂教学成绩和实践成绩两部分组成。分数分配百分比:课堂教学成绩占 50%,实践成绩占 50%。课堂成绩考核采用平时考勤和小论文的形式;实践成绩考核采用组织参与活动的形式。

(本大纲由作者编写,天津城建大学心理健康指导中心审定)

参考文献

中文参考文献

一、著作

[1]樊富珉. 结构式团体辅导与咨询应用实例[M]. 北京:高等教育出版社,2015.

[2]彭聃龄. 普通心理学　第四版[M]. 北京:北京师范大学出版社,2012.

[3]王登峰,张伯源. 大学生心理卫生与咨询[M]. 北京:北京大学出版社,1992.

[4]教育部思想政治工作司、沈德立. 大学生心理健康教育[M]. 北京:高等教育出版社,2013.

[5]夏智伦. 高校心理健康教育操作实务[M]. 北京:高等教育出版社,2013.

[6]陈楚瑞,耿永红. 大学生心理发展与健康教育[M]. 大连:东北财经大学出版社,2011.

[7]中国就业培训技术指导中心,中国心理卫生协会;郭念锋;虞积生. 心理咨询师(基础知识)2012　2012 修订版[M]. 北京:民族出版

社,2012.

[8]朱智贤.心理学大辞典[M].北京:北京师范大学出版社,1999.

[9]弗洛伊德.精神分析引论[M].高觉敷,北京:商务印书馆,1984.

[10]罗杰斯.个人形成论[M].北京:中国人民大学出版社,2004.

[11]张春兴.张氏心理学辞典[M].台北:东华书局,1989.

[12]张增杰.论大学生心理[M].重庆:西南师范大学出版社,1986.

[13]全国八院校.社会心理学教程[M].甘肃:兰州大学出版社,1986.

[14]阿弗雷德·阿德勒.自卑与超越[M].李青霞译.沈阳:沈阳出版社,2012.

[15]林崇德,杨治良,黄希庭.心理学大辞典　下[M].上海:上海教育出版社,2003.

[16]樊富珉,费俊峰.国际精品视频公开课教材·大学生心理健康教育通识课教材　大学生心理健康十六讲[M].北京:高等教育出版社,2013.

[17]叶奕乾.现代人格心理学[M].上海:上海教育出版社,2005.

[18]郑雪.人格心理学[M].广州:暨南大学出版社,2001.

[19]中华医学会精神科学会,南京医科大学脑科医院.中国精神疾病分类方案与诊断标准(CCMD-2-R)[M].南京:东南大学出版社,1995.

[20]美国精神科学学会.DSM-Ⅵ分类与诊断标准.杨森文库[S].精神医学分册增刊,2001.

[21]江开达.精神病学高级教程[M].北京:人民军医出版社,2009.

[22]黄希庭.人格心理学[M].杭州:浙江教育出版社,2006.

[23]陈小梅.大学生心理健康教育[M].成都:电子科技大学出版社,2018.

[24]陈琦,刘儒德.当代教育心理学[M].北京:北京师范大学出版社,2007.

[25]李雄鹰. 大学生心理健康教程[M]. 西安:西安交通大学出版社,2019.

[26]侯玉波. 社会心理学[M]. 北京:北京大学出版社,2002.

[27]田国秀;李冬卉. 抗逆力研究:运用于学校与青少年社会工作[M]. 北京:社会科学文献出版社,2013.

[28]弗洛姆. 爱的艺术[M]. 朱蓉贞,林和生,等译. 弗洛姆文集[M]. 北京:改革出版社,1997.

[29]香港浸会大学学生事务处辅导中心. 分享减压26式[M]樊富珉. 结构式团体辅导与咨询应用实例. 北京:高等教育出版社,2001.

二、期刊论文

[1]刘华山. 心理健康概念与标准的再认识[J]. 心理科学,2001,38(24):480-481.

[2]王茜. 心理健康内涵的发展及其对高校心理健康教育的启示[J]. 山西高等学校社会科学学报,2003,15(5):127-129.

[4]郝颖. 我国大学生心理健康教育的历史回顾与展望[J]. 教育现代化,2019,6(90):291-292.

[5]江光荣,王铭. 大学生心理求助行为研究[J]. 中国临床心理学杂志,2003,11(3):180-184.

[6]葛玲,孔鑫. 边缘性人格障碍临床表现与治疗现状综述[J]. 校园心理,2011:9(1):3-5.

[7]袁小丽,张晶,刘寒秋. 对依赖型人格障碍的临床分析[J]. 中国医药指南,2011,9(28):148-149.

[8]姚红. 大学生健康人格的培养与塑造[J]. 江西社会科学,2001(4):174-177.

[9]朱红艳. 大学生健康人格及培育路径研究[J]. 思想理论教育导刊,2015(10):113-117.

[10]刘莹. 浅议气质性乐观[J]. 科技咨讯. 2008,36:218.

[11]池丽萍,辛自强. 大学生学习动机的测量及其与自我效能感的关系[J]. 心理发展与教育,2006,22(2):64-70.

[12]王晓钧,刘薇. 梅耶-沙洛维-库索情绪智力测验(MSCEITV2.0)的信度、结构效度及应用评价研究[J]. 心理学探新,2008(28):91-95.

[13]卢家楣. 对情绪智力概念的探讨[J]. 心理科学,2005(5):1246-1249,1242.

[14]穆念奎,罗照盛. 国内外情绪智力及其培训研究[J]. 赣南师范学院学报,2013(2):89-91.

[15]吴占格. 试论大学生的情绪智力培养方法[J]. 科技传播,2009(12):132-133.

[16]丁璐,刘琦,肖远等. 医学生情绪智力团体培训效果研究[J]. 中国健康心理学杂志,2011(1):87-89.

[17]窦宝玉. 人际交往自我状态分析[J]. 洛阳大学学报,1994(1):67-76.

[18]李朝旭. 斯腾伯格爱情的三角形理论述评[J]. 广州师院学报(社会科学版),1996(3):59-63.

[19]李思祁. 社会交换论视角下的择偶、交往与分手[J]. 报刊荟萃,2017(10):211-212.

[20]卢盛忠. 西方心理学的挫折理论[J]. 外国心理学,1981(3):30-32、46.

[21]刘运合,杨伊生. 心理防御机制的研究综述[J]. 内蒙古师范大学学报(哲学社会科学版)2008(1):88-92.

[22]潘运,杨桂芳. 国外心理韧性的研究述评[J]. 贵州师范大学学报

(社会科学版).2013(2):7-12.

[23]崔丽霞,殷乐,雷雳.心理弹性与压力适应的关系:积极情绪中介效应的实验研究[J].心理发展与教育,2012,28(3),308-313.

[24]刘志军,刘旭,李维,初中生乐观归因风格与抗挫折能力:自尊的中介作用[J].心理与行为研究,2016,14(1),64-69.

[25]朱美侠,蔡丹,武云露,Zhang XiaoChi,Juergen Margraf,大学生社会支持对乐观倾向的影响:心理弹性与心理一致感的中介作用[J].心理科学,2016,39(2),371-376.

[26]冯维峰,新时代大学生抗逆力提升路径研究——以厦门市为例[J].海峡科学,2021(5):89-94.

[27]王欣丽,时勘.压力管理的心理学解读[J].企业改革与管理,2007(5):58-59.

三、学位论文

[1]周娅菲.父母教养方式与9~12岁儿童脑发育的关系[D].重庆:西南大学,2016.

[2]许远理.情绪智力组合理论的建构与实证研究[D].北京:首都师范大学,2004.

[3]赵玲玲,心理健康教育课程对大学生压力管理能力开发的研究[D].桂林:广西师范大学,2018.

[4]辛双倩.心理日记对大学生情绪调节效能感的干预研究[D].青海:青海师范大学,2020:5.

英文参考文献

一、著作(英文)

[1] Mayer J D, Salovey P, What is emotional intelligence, In: Peter Salovey, Sluyter D J, ed. Emotional development and emotion intelligence, educational implications. (New York: Basic Books, 1997).

[2] Rubin, Z. (1974). From liking to loving: Patterns of attraction in dating relationships[A]. In T. L. Huston (Ed.), Foundations of interpersonal attraction [M]. New York: Academic Press.

[3] Berne, E., Transactional Analysis in Psychotherapy. New York: Grove Press, 1961.

二、期刊论文(英文)

[1] Yueqin Huang, Yu Wang, and Hong Wang, et al. Prevalence of mental disorders in China: across-sectional epidemiological study[J]. The Lancet Psychiatry, 2019, 6(3): 211-224.

[2] MandolAK, BaigMKoutoubiZ. Management of acuterenal failure in the elderly. treatmentoptions[J]. Drugs-Aging, 2000, 9(4): 226.

[3] SantacruzF, BarretoS, and Mayor MM etal. Mortality in elderly patients with acuterenal failure[J]. RenFail, 2002, 18(4): 601.

[4] Scheier MF, Carver CS. Optimism, coping and health: Assessment

and implications of generalized outcome expectancies [J]. Health Psychology, 1985,(4):219-247.

[5]Warrington E K&Weiskrantz L. The effect of prior learning on subsequent retention in amnesic patients [J]. Neuropsychologica, 1974, 12: 419-428.

[6]Tucker, M L, Sojka, J Z, Barone, F J, Mccarthy, A. M. Training Tomorrow's Leaders: Enhancing the Emotional Intelligence of Business Graduates [J]. Journal of Education for Business, 2000, (7/8):331-337.

[7]Nicholls, A. R., Polman, R. C. J., Levy, A. R., & Backhouse, S. H, Mental toughness, optimism, pessimism, and coping among athletes[J]. Personality & Individual Differences, 44(5), 1182-1192.

[8]H. Selye, The Stress Concept[J]. Canadian Medical Association Journal, 1976(8):718